Die Großküche

Raum, Geräte und Installation
Einrichtung und Organisation
Arbeitshygiene

Von
Dr. Christa Wagner
und
Uta Hildt

10. aktualisierte und erweiterte Auflage

HANDWERK UND TECHNIK – HAMBURG

Inhaltsverzeichnis

ISBN 3.582.0**4134**.4

Verlag Handwerk und Technik G.m.b.H., Lademannbogen 135, 22339 Hamburg; Postfach 630500, 22331 Hamburg-2002
E-Mail: info@handwerk-technik.de – **Internet:** www.handwerk-technik.de
Layout, Satz und Lithos: tiff.any GmbH, Berlin

1 Verpflegung in hauswirtschaftlichen Bereichen

Ein immer größerer Teil der Bevölkerung nutzt in irgendeiner Form Leistungen hauswirtschaftlicher Großbetriebe. Im Jahr 2000 wurden für Außer-Haus-Mahlzeiten 83 Mrd. EUR ausgegeben. Für die Verpflegung in sozialen Einrichtungen wie Krankenhäusern und Altenheimen wurde zusätzlich ein Wert von 26 Mrd. EUR geschätzt. Im statistischen Durchschnitt nahm jede Person 3,2 Mahlzeiten in der Woche außerhalb des Hauses ein. Einbezogen wurden bei dieser Betrachtung der Verzehr in Gaststätten (60 %), Imbiss-Einrichtungen und im Lebensmitteleinzelhandel (21 %), in Kantinen und Mensen (11 %), Fast-Food-Einrichtungen (4,4 %) und über Bringdienste (3,5 %). So sind Großküchen ein bedeutender Wirtschaftsfaktor sowohl hinsichtlich der Aufbringung von Geldmitteln als auch durch ihre Nachfrage auf dem Markt oder durch ihre Beschäftigung von Arbeitskräften.

1.1 Hauswirtschaftliche Betriebe

Als hauswirtschaftlicher Betrieb wird die Arbeits- und Produktionsstätte bezeichnet, in der Güter und Dienstleistungen zur Befriedigung grundlegender Bedürfnisse (Nahrung, Wohnung, Kommunikation) angeboten werden. Gemeinsames Ziel hauswirtschaftlicher Betriebe ist die Versorgung nicht familiengebundener Menschen, mit anderen Worten: die *Deckung von Fremdbedarf*. Die Bedarfsbereiche Verpflegung, Unterkunft, Körperpflege und Kommunikation werden allerdings nicht in allen hauswirtschaftlichen Betrieben gleichermaßen abgedeckt.

Unterschiede hauswirtschaftlicher Betriebe werden bestimmt durch die Bedarfsdeckung, die Betriebsgröße, die wirtschaftliche Zielsetzung und die Rechtsform des Betriebes.

- **Die Bedarfsdeckung** der zu versorgenden Personengruppen kann schwerpunktmäßig einen der Bedarfsbereiche besonders betonen. So liegt in Krankenhäusern und Pflegeheimen das Schwergewicht auf Pflege und Hygiene, in Wohnheimen auf Unterkunft und Kommunikation, in Werkskantinen auf der Verpflegung.
  Bedarfsdeckung kann auch auf sehr unterschiedlichem Niveau stattfinden, z.B. als Bedarfsdeckung in einem Luxushotel mit umfassendem Serviceangebot oder als Bedarfsdeckung in einem einfachen Schülerwohnheim.

- **Die Größe und Organisation des Betriebes:** *Kleine Betriebe* versorgen etwa 30 bis 50 Personen (z. B. ein Kindergarten), *mittlere Betriebe* 80 bis 150 Personen (z. B. ein Altenheim, eine Internatsschule), *große Betriebe* 200 bis 1000 Personen (z. B. ein Krankenhaus), und *sehr große Betriebe* versorgen mehrere Tausend Personen. Die Betriebsgröße beeinflusst auch die Organisation des Betriebes und die Aufgliederung der Verantwortungs- und Funktionsbereiche (Verwaltungsfunktionen, Leitungsfunktionen, Betreuungs- und Ausführungsfunktionen).

- **Die wirtschaftliche Zielsetzung** kann gewinnorientiert oder auf Sozialleistungen ausgerichtet sein: *Erwerbswirtschaftlich hauswirtschaftliche Betriebe (EWHB)* orientieren sich am Gewinn, dagegen sind *nicht erwerbswirtschaftlich hauswirtschaftliche Betriebe (NEWHB)* in ihrer Zielsetzung auf Sozialleistungen ausgerichtet. In reiner Form trifft man solche Betriebe selten, Mischformen sind die Regel.

- **Die Rechtsform des Betriebes** ergibt sich aus der Trägerschaft. *Träger öffentlich-rechtlicher Betriebe* sind: die politische Gemeinde (städtisches Altenheim), der Landkreis (Kreiskrankenhaus), das Land (Landesblindenanstalt), die Kirche (kirchlicher Kindergarten), Berufsverbände oder Zweckverbände. Dagegen sind *Träger privatwirtschaftlicher Betriebe* eine Privatperson, eine Gesellschaft oder ein Verein. Die beiden Rechtsformen unterscheiden sich in ihrer Buchführung: Öffentlich-rechtliche Betriebe arbeiten mit kameralistischer Buchführung (Abrechnung mit Soll-Ist-Etat), privatwirtschaftliche Betriebe haben kaufmännische Buchführung (Abrechnung in einer Bilanz mit Aktiva und Passiva).

1.2 Verpflegungsbetriebe

Gemeinschaftsverpflegung wird in sehr unterschiedlichen Formen durchgeführt. Nach Bedarfsdeckung und wirtschaftlicher Zielsetzung werden unterschieden: die institutionelle, die betriebliche und die kommerzielle Verpflegung.

- **Die institutionelle Verpflegung** in Krankenhäusern, Heimen und Anstalten bietet Versorgung mit allen Mahlzeiten und an allen Tagen der Woche.
- **Die betriebliche Verpflegung** in Kantinen, Kasinos und Personalrestaurants bietet Versorgung mit einer Hauptmahlzeit an den Arbeitstagen (in der Regel an fünf Arbeitstagen der Woche).
- **Die kommerzielle Verpflegung** in Hotels, Gaststätten und Imbissbuden bietet ihren Essensgästen die Speisen zur freien Auswahl an (nach der Karte) und die Gäste sind nur in Ausnahmefällen, z. B. beim Abonnement, an ein Tagesmenü gebunden.

Auch die Betriebsorganisation bedingt unterschiedliche Formen der Gemeinschaftsverpflegung. Ausschlaggebend ist dabei, wo und in wessen Verantwortung produziert wird. Die Mehrzahl der Verpflegungsbetriebe wird in **Eigenregie** geführt, die Speisenherstellung erfolgt in der betriebseigenen Küche und verantwortlich ist ein angestellter Küchenleiter. Rund 15 % der Verpflegungsbetriebe stehen unter der **Regie eines Pächters**, der in einer vom Betrieb eingerichteten Küche mit Hilfskräften, die er anstellt und bezahlt, die Speisen herstellt. Ein zunehmender Anteil an Verpflegungsbetrieben nutzt das **Catering-Verfahren**, bei dem Fertigmenüs aus einer fremden Küche (Catering-Betrieb) geliefert werden. Es kann aber auch eine im Versorgungsbetrieb vorhandene Küche vom Catering-Betrieb mit catering-eigenen Arbeitskräften bewirtschaftet werden. Da Catering-Betriebe in der Regel für mehrere Einrichtungen der Gemeinschaftsverpflegung zuständig sind, können sie mit zentralgesteuertem Einkauf die Vorteile der Mengenbestellung nutzen und ihr Speisenangebot preisgünstig gestalten.[1]

Von der jeweiligen Form des Verpflegungsbetriebes ist auch der Bedarf an Küchenpersonal abhängig.

Bei der kommerziellen Verpflegung sind die Bedingungen so unterschiedlich, dass keine Richtwerte festgehalten werden können.

Personalbedarf

Personal	Betriebliche Verpflegung			Institutionelle Verpflegung					
	Werks- und Kasinoküchen			Heimküchen (ohne Spülen)			Krankenhausküchen (ohne Spülen)		
Versorgungspersonen	**200**	**500**	**1500**	**200**	**500**	**1500**	**200**	**500**	**1500**
Küchenleiter/in	1	1	1	1	1	–	1	1	1
Koch/Köchin	–	1	3	1	4	–	2	4	10
Fleischer/in	(1)	1	1	1	1	–	1	1	2
Diätassistent/in	–	(1)	(1)	1	2	–	1	3–4	6
Küchenhilfen	3–4	8	17	11	25	–	12	30	83
Andere									
Gesamt	**5**	**11**	**22**	**15**	**33**	–	**17**	**40**	**102**

[1] Im Jahr 1999 wurde z. B. die Patientenverpflegung in Krankenhäusern in 73 % der Betriebe in Eigenregie hergestellt, zu 22 % wurde sie an externe Betriebe vergeben und in 4 % der Betriebe herrschte ein Mischsystem. Bei privaten Krankenhäusern lag der Anteil der Vergabe an Externe schon bei 31 %.

2 Planung und Organisation der Gemeinschaftsverpflegung

Damit ein Betrieb richtig funktioniert, müssen sowohl der Betrieb selbst als auch die Arbeitsabläufe organisiert werden. Die Aufgaben müssen festgelegt und die Arbeitskräfte und Betriebsmittel in einen sinnvollen Ordnungszusammenhang gebracht werden. In der *Aufbauorganisation* werden die Aufgaben eines Betriebes auf verschiedene Stellen verteilt und die Zusammenarbeit dieser Stellen wird geregelt. In der *Ablauforganisation* wird das Zusammenwirken der Arbeitskräfte, der Betriebsmittel und der Arbeitsgegenstände im räumlichen und zeitlichen Zusammenhang geplant, gestaltet und gesteuert.

2.1 Aufbauorganisation

Jeder Betrieb ist in einer charakteristischen Form organisiert, die sich einerseits historisch entwickelt hat und andererseits aktiv gestaltet wird. Diese Aufbaustruktur hängt von der Gliederung der Gesamtaufgabe eines Betriebes in Teilaufgaben und deren anschließende Zusammenfassung zu kleinen Organisationseinheiten ab.

Beispiele:

1. **Gliederung nach der Verrichtung:**
   Planen – Beschaffen – Lagern – Fertigen – Verkaufen
2. **Gliederung nach Produkten,** z. B. in der Großküche:
   Kalte Küche – Gemüsevorbereitung – Fleischküche – Konditorei …
3. **Gliederung nach der Rangordnung der Arbeitskräfte:**
   Führungskräfte (Heimleiter, Küchenleiter) – Hilfskräfte (Küchenhilfen, Servierdienst, Reinigungsdienst)

2.2 Ablauforganisation und Ablaufplanung

Jedes komplexe Betriebsgeschehen muss in seinen Zusammenhängen zeitlich und räumlich organisiert werden. Grundsätzlich geplant werden müssen die Personalbesetzung, die Ausstattung mit Betriebsmitteln (Maschinen), die Materialbeschaffung und der Arbeitsablauf.

2.2.1 Aufgabengliederung

Für die Planung des Arbeitsablaufes (Ablaufplanung) muss der Gesamtarbeitsprozess zweckmäßigerweise in Aufgaben gegliedert werden, die dann in ihrer sachlichen, räumlichen und zeitlichen Abfolge festgelegt werden. Dabei kann die Gliederung in großen (Makro) und kleinen (Mikro) Abschnitten erfolgen (Makro- und Mikroaufgabengliederung).

Bei der **Makroaufgabengliederung** wird unterschieden zwischen Führungs- (Entscheidungs-) und Ausführungsaufgaben. Bei der **Mikroaufgabengliederung** werden Teilaufgaben (z. B. Herstellen von Bratkartoffeln) noch weiter untergliedert.

Makroaufgabengliederung		**Mikroaufgabengliederung**	
Gesamtaufgabe		**z. B. Bratkartoffeln herstellen**	
Führungsaufgaben:	**Ausführungsaufgaben:**		
■ Speisenplanung	■ Beschaffung		
■ Einkaufsplanung	■ Lagerhaltung		
■ Kalkulation	■ Vorbereitung		
	■ Zubereitung	Kartoffeln kochen	Kartoffeln waschen
	■ Konservierung	pellen	in Kessel geben
	■ Ausgabe	schneiden	Kessel in Betrieb setzen
	■ Spülen	braten	

2.2.2 Arbeitsablaufplan und Funktionsschema des Produktionsablaufes

Mithilfe von Funktionsschemata und der Mikroaufgabengliederung werden Arbeitsablaufpläne erstellt, die dann z. B. folgendermaßen aussehen können:

Beispiel für einen Arbeitsablaufplan

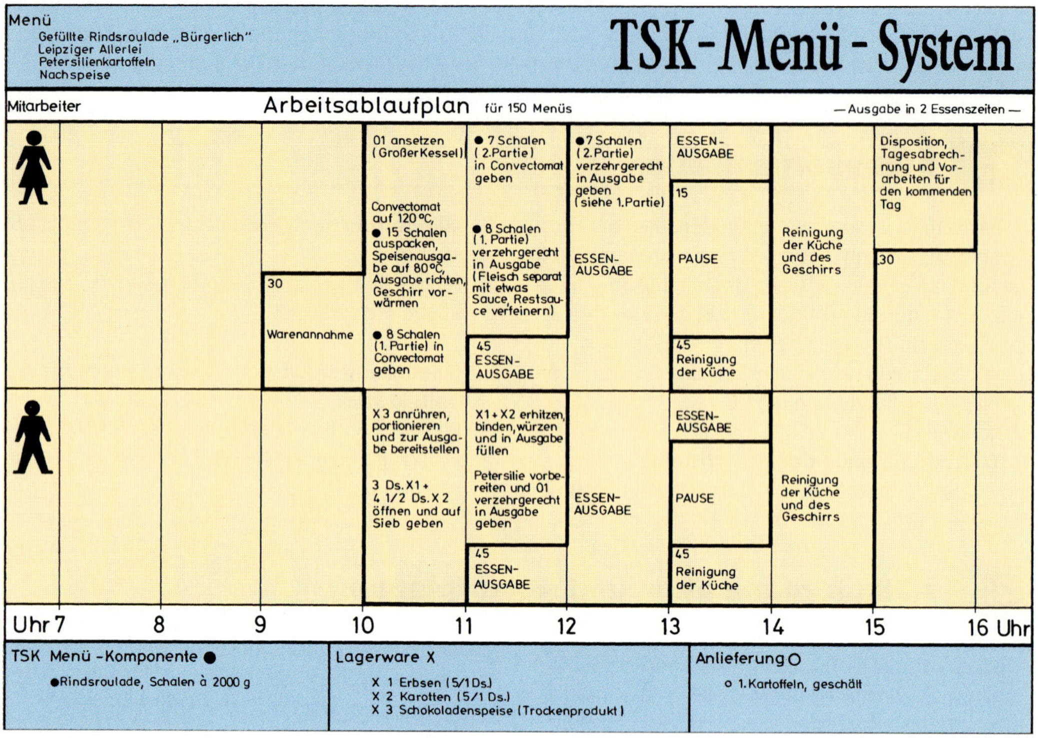

Funktionsschema des Produktionsablaufes

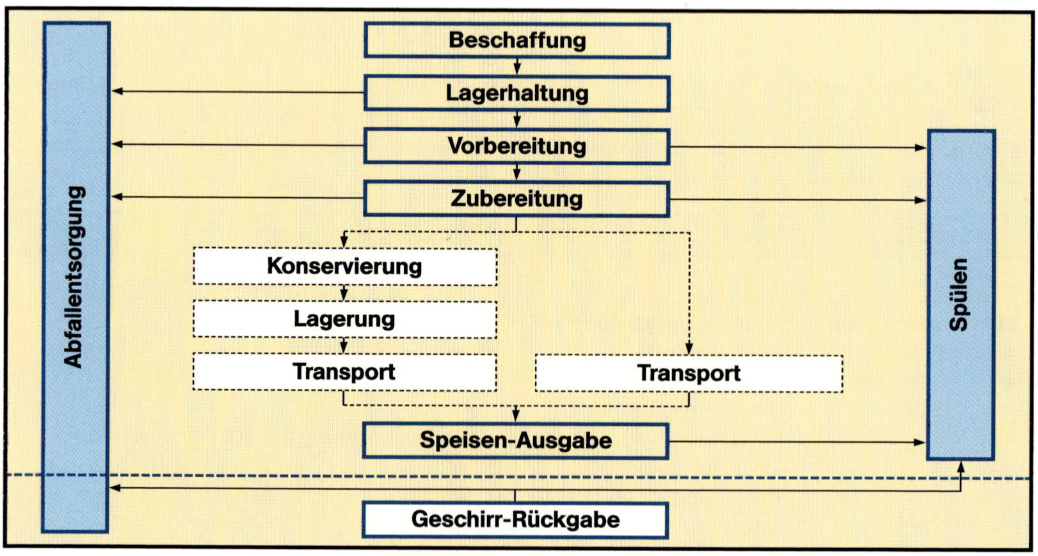

2.2.3 Informationeller Ablauf

Außer dem konkreten materiellen Ablauf muss auch noch der **informationelle Ablauf** richtig geplant sein, in dem Daten erfasst, gespeichert, analysiert und interpretiert werden.
Ein Beispiel für den informationellen Ablauf wäre:

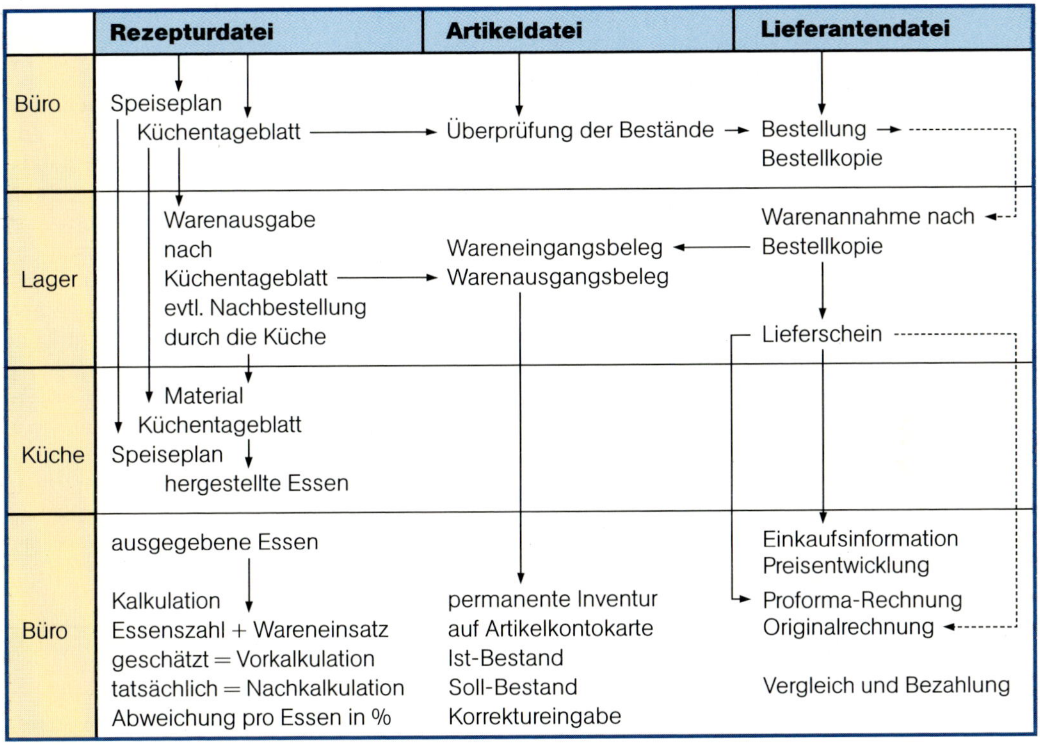

Der **Speiseplan** wird ausgehend von den in der Rezepturdatei genannten Gerichten zusammengestellt (etwa 6 Wochen vorher). Dann wird mithilfe der Rezepturangaben für jeden Kochtag ein **Küchentageblatt** erstellt. Für einen Verpflegungszeitraum von 1 bis 2 Wochen werden die Artikelmengen berechnet und mit den Lagerbeständen verglichen. Würde durch Entnahme die Mindestmenge unterschritten, so wird eine **Bestellung** ausgeschrieben bzw. vom Computer ausgedruckt.

Bestellkopie und Küchentageblatt gehen danach zum Lagerverwalter, der Waren annimmt (nach Bestellkopie, die als Wareneingangsbeleg dient) und Waren ausgibt (nach Küchentageblatt, das als Warenausgangsbeleg dient). Die Küche bereitet aus dem angelieferten Material die ihr mit Speiseplan und Küchentageblatt aufgetragene Zahl von Essen zu. Mit der Speisenausgabe und der Annahme von **Wertmarken oder Chips** wird die Zahl der ausgegebenen Essen registriert.

Die **Endabrechnung** liegt wieder bei der Verwaltung: Die Vorkalkulation (geschätzte Essenszahl und Wareneinsatz) wird mit der Nachkalkulation (ausgegebene Essen und tatsächlicher Wareneinsatz) verglichen. – Auf dem Artikelkonto wird der Soll-Bestand mit dem Ist-Bestand des Lebensmittellagers verglichen und evtl. durch Korrektureingabe abgestimmt. – Die Lieferscheine dienen dazu, die Einkaufsinformation festzuhalten (Preisänderungen) und eine Proforma-Rechnung zu erstellen. Nach Eintreffen der Originalrechnung werden dann nur noch die Endbeträge verglichen, und bei Übereinstimmung erfolgt Bezahlung. (Geringfügige Abweichungen können akzeptiert werden.)

2.3 Planung nach ergonomischen Regeln

In einer modernen Großküche sind viele Arbeitsschritte mechanisiert oder sogar automatisiert. Kontroll- und Steuerungsaufgaben werden häufig von Messinstrumenten und Regelsystemen übernommen. Dennoch spielt der Einsatz von Arbeitskräften immer noch eine große Rolle. Aufgabe der Ergonomie ist es, festzustellen, welchen Belastungen die Arbeitskräfte ausgesetzt sind und wie man ihre speziellen Fähigkeiten am besten nutzen kann. Die Planung der Arbeit unter ergonomischen Gesichtspunkten umfasst folgende Bereiche:

- körpergerechte Gestaltung der Arbeitsplätze und der Arbeitsabläufe,
- Gestaltung der Umwelteinflüsse,
- wirtschaftlicher Einsatz menschlicher Fähigkeiten.

Bei der **körpergerechten Gestaltung der Arbeitsplätze und der Arbeitsabläufe** ist zu beachten, dass die Arbeit leichter, einfacher und kräfteschonender gestaltet wird. Dazu sollen die Arbeitsplätze an die durchschnittlichen Körpermaße angepasst sein, d. h., dass Arbeitshöhe, Sitzhöhe, Greifraum und Beinfreiheit des Arbeitsplatzes optimiert werden und eine gute Körperhaltung bei der Arbeit möglich ist. Arbeiten sollten bevorzugt wechselnd im Stehen und Sitzen durchgeführt werden können, einseitige Körperhaltung und schwere oder statische Muskelarbeit sollen vermieden werden. Auf eventuelle Überlastung der Augen durch Blendung, Helligkeit oder dauernd notwendiges Fixieren ist zu achten. Bei Überwachungs-, Beobachtungs- und Steuerungsaufgaben darf die Aufmerksamkeit und Konzentration nicht überfordert werden. Einförmige monotone Tätigkeiten und ein Mangel an Aktivität sollen ebenfalls vermieden werden.

Bei der **Gestaltung der Umwelteinflüsse am Arbeitsplatz** ist darauf zu achten, dass das Raumklima angemessen ist und die Arbeitskräfte keiner zu großen Wärme, Kälte, Feuchtigkeit oder Zugluft ausgesetzt sind. Die Lärmbelastung und die Belastung durch mechanische Schwingungen sollen so gering wie möglich und die Räume und Arbeitsplätze müssen ausreichend beleuchtet sein (siehe auch Kap. 4.2 und 4.3).

Zum **wirtschaftlichen Einsatz menschlicher Fähigkeiten** gehört es, den Arbeitskräften entsprechend ihren Fähigkeiten und ihrer Leistungsfähigkeit die passende Arbeit zuzuweisen. Dabei muss die biologische Tagesleistungskurve berücksichtigt werden, genauso wie die persönliche Leistungsfähigkeit, die Erfahrung und Übung der Arbeitskraft. Neben der Zuweisung einer Arbeit, die dem Können der Arbeitskraft entspricht, ist es auch wichtig, die inneren Antriebe anzusprechen und die Arbeitskraft zu motivieren. Um das zu erreichen, ist es sinnvoll, genaue Einweisungen in die Arbeitsaufgabe zu geben, die Arbeitsunterlagen klar zu gestalten und die Arbeitsfortschritte sichtbar zu machen. Auch Ordnung und Sauberkeit am Arbeitsplatz und Einsicht in die Arbeitszusammenhänge wirken motivierend.

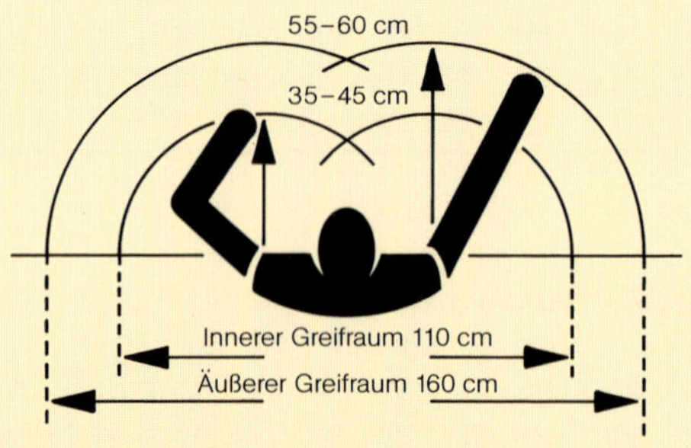

Günstiger Greifraum (horizontal)
In der Mitte befindet sich das Feld, in dem ohne Blickverschiebung und Verdrehen des Kopfes gearbeitet werden kann.

2.4 Kostenkalkulation und Rentabilität

Die im Betrieb entstehenden Kosten werden bestimmten **Kostenarten** zugerechnet. Die wichtigsten Kostenarten sind: Materialkosten (in der Großküche Lebensmittelkosten), Personalkosten (Löhne und Gehälter) und Kapitalkosten (Abschreibungen und Zinsen für die Kücheneinrichtung).
Im Hinblick auf ihren Anteil am Produkt werden die Gesamtkosten auch gegliedert in Einzel- und Gemeinkosten.

Kostenarten:

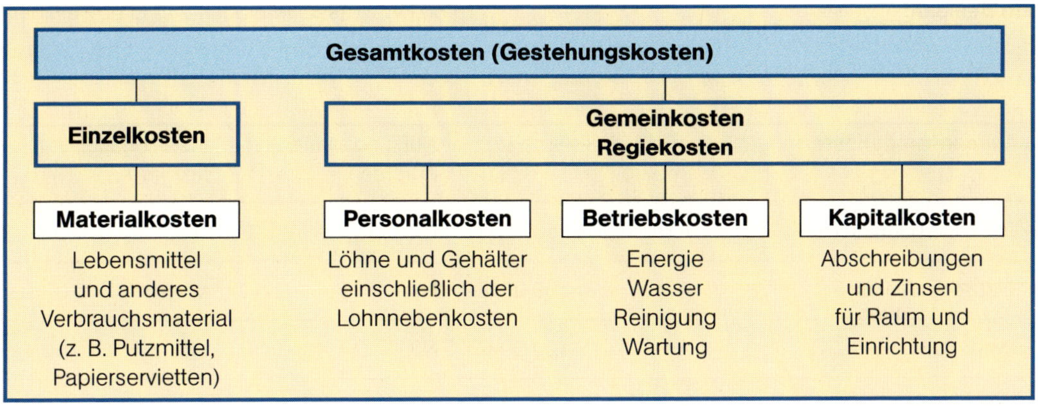

Einzelkosten sind alle die Kosten, die direkt einem Produkt oder einer Leistungseinheit zugerechnet werden können (in der Großküche z. B. Lebensmittelkosten).

Gemeinkosten sind die Kosten, die allgemein anfallen: in der Großküche z. B. Personalkosten, Betriebskosten und die Amortisationskosten (Abnützung und Ersatz der Kücheneinrichtung).

Bei der **Kostenkalkulation für ein Einzelmenü** müssen die Einzelkosten (Materialkosten) ermittelt und die Gemeinkosten anteilig auf das Menü berechnet werden. Eine wichtige Hilfe zur Feststellung der Materialkosten sind Großküchenabrechnungssysteme (siehe Kap. 2.6.3). Das Verhältnis von Materialkosten zu Gemeinkosten hängt von Größe und Ausstattung des Betriebs und vom Qualitätsanspruch an das Essen ab; das Verhältnis beträgt etwa 1:2.

Der **Verkaufspreis** für das Einzelmenü wird unterschiedlich festgelegt:

- Unter den Gesamtkosten liegt er, wenn Zuschüsse gegeben werden (Mensa, Werkskantinen). Häufig zahlt der Gast hier nur die Materialkosten.
- Deckungsgleich mit den Gesamtkosten ist er z. B. in gemeinnützigen Einrichtungen, die keinen Gewinn machen dürfen (nicht erwerbswirtschaftlich hauswirtschaftliche Betriebe).
- Über den Gesamtkosten liegt er in gewerblichen Betrieben, die mit Gewinn arbeiten müssen (Gaststätten).

Die Gestaltung des Verkaufspreises für das einzelne Menü hängt stark davon ab, mit welchem Zahlungssystem bei der Essensausgabe gearbeitet wird. Eine wertgerechte Bezahlung des Essens setzt ein differenziertes Zahlungssystem voraus. Meistens wird der Verkaufspreis aber über eine Mischkalkulation als Durchschnittswert ermittelt.

Rentabilitätsberechnung

Vor größeren Investitionen sollte die Wirtschaftlichkeit oder **Rentabilität** einer Maßnahme kalkuliert werden. Kalkulationsdaten sind: Anschaffungspreis, Nutzungsdauer und Instandhaltungskosten. Daraus werden die **Kapitalkosten/Jahr** und die **Betriebskosten/Jahr** errechnet. Die Gesamtkosten/Jahr werden dann auf vergleichbare Einheiten umgerechnet:

Kosten je Maschinenfüllung z. B. bei Waschmaschinen oder bei Geschirrspülmaschinen für einzeln einzustellende Geschirrkörbe;

Kosten je Betriebsstunde (Maschinenstundensatz) bei Geräten mit fortlaufendem Betrieb wie z. B. Fußbodenpflegemaschinen, Bügelmaschinen oder Geschirrspülmaschinen mit Bandumlauf.
Eine solche Kalkulation dient als Entscheidungshilfe, wenn vergleichbare Geräte oder Arbeitsmethoden zur Wahl stehen.

Berechnung eines Maschinenstundensatzes am Beispiel:

- Geschirrspülmaschine mit einer Leistung von 1260 Tellern pro Stunde bzw. pro Füllung
- Verbrauchsdaten pro Stunde (Füllung): Strom 16,80 kW, Wasserverbrauch 245 Liter, Reinigerverbrauch 0,88 kg, Klarspüler 0,074 kg
- Nutzungsdauer im Jahr 1800 Stunden

Anschaffungskosten	Anschaffungspreis (A) in Euro		Nutzungsdauer (N) in Jahren		Instandhaltungsfaktor (I)	
Geschirrspülmaschine	A1	9 150,00 €	N1	10	I1	0,03
Wasseranschluss	A2	150,00 €	N2	30	I2	0,02
Elektroanschluss	A3	120,00 €	N3	30	I3	0,02
Kapitalbedarf gesamt	**A**	**9 420,00 €**				
Kapitalkosten	Berechnungsformel				Betrag	
Abschreibung	(A1 : N1) + (A2 : N2) + (A3 : N3)				924,00 €	
Zinsanspruch [1]	Kapitalbedarf × $\frac{1}{2}$ Zins %				565,20 €	
Kapitalkosten/Jahr					1 489,20 €	
Kapitalkosten/Stunde	Kapitalkosten/Jahr: Nutzungsstunden				**0,83 €**	
Instandhaltungskosten (Durchschnittsberechnung)	Berechnungsformel				Betrag	
Instandhaltungskosten/Jahr	(A1 × I1) + (A2 × I2) + (A3 × I3)				279,90 €	
Instandhaltungskosten/ Stunde	Instandhaltungskosten/Jahr : Nutzungsstunden				**0,16 €**	
Betriebskosten/Stunde	Menge/ Stunde		Einzelpreis pro Einheit		Gesamtpreis	
Instandhaltung					0,16 €	
Energiekosten	16,80 kW		0,10 €/kW		1,68 €	
Wasser	245 l		2,50 €/m³		0,61 €	
Reiniger	0,88 kg		2,50 €/kg		2,20 €	
Klarspüler	0,074 kg		4,00 €/kg		0,30 €	
Betriebskosten/Stunde					**4,95 €**	
Maschinenstundensatz = Kapitalkosten + Betriebskosten =					**5,78 €**	

[1] Bei dieser Berechnung wurde ein Zinssatz von 12 % zugrunde gelegt.

2.5 Speisenplanung

2.5.1 Allgemeine Planungsgesichtspunkte

Bei der Gestaltung des Speiseplanes sind folgende **Anforderungen und Voraussetzungen** zu beachten:

- Die Kost muss ernährungsphysiologisch ausgewogen sein. Alle notwendigen Nährstoffe müssen in ausreichender Menge angeboten werden, der Energiegehalt der Nahrung muss der Berufsschweregruppe angepasst sein.
- Die Kost muss schmackhaft und abwechslungsreich sein, d. h., sie sollte sich während eines längeren Zeitraumes nicht wiederholen und hinsichtlich des Angebotes vielseitig sein.
- Die Leistungsfähigkeit der Küche, ihre kochtechnischen Möglichkeiten und die Möglichkeiten der Speisenausgabe müssen berücksichtigt werden. Mangel an Personal und Spezialgeräten verbietet z. B. Zeit raubende oder ganz spezielle Zubereitungsarten. Eingeschränkte Ausgabemöglichkeiten erlauben z. B. keine Ausgabe mehrerer verschiedener Menüs.
- Die Angebote des Marktes (z. B. Gemüse der Saison) sollten berücksichtigt werden.

Bei den Menüs können drei **Angebotsformen** unterschieden werden:

- Ausgabe eines Menüs ohne Auswahlmöglichkeit
- Ausgabe von zwei oder mehreren Auswahlmöglichkeiten
- Komponentenwahl

Bei einer Mehrmenü- oder Mehrkomponentenauswahl sollten verschiedene Diätformen sowie Vollkost (Normalkost) und leichte Vollkost (Schonkost) berücksichtigt werden. Je nach dem Charakter der Gemeinschaftsverpflegung sind auch Diätformen, wie z. B. salzarme oder energiereduzierte Diät, vorstellbar.

2.5.2 Rezeptdateien

Rindercurrygulasch mit Gurken

Zubereitet am:	Zutaten für 100 Personen	Menge	Preis	Betrag EUR	ct
	Rindfleisch, mager o. K.	10,0 kg			
	Speck, mager	1,0 kg			
	Zwiebeln	3,0 kg			
	Paprika, frisch	2,0 kg			
	Salatgurken	5,0 kg			
	Stärkemehl	0,4 kg			
	Pflanzenfett	0,5 kg			
	Magermilchpulver	0,7 kg			
	Thymian, Curry, Knoblauch, Dill, Pfeffer, Majoran				
			Summe		

Rechnerischer Nährwert pro Person

	Kilojoule	kcal	Eiweiß g	Fett Gesamt g	Fett Linolsäure g	Kohlenhydrate g	Calcium mg	Eisen mg	B_1 mg	Cholesterin mg	Pro Portion EUR	Pro Portion ct
Rindercurrygulasch mit Gurken	**1390**	**332**	**25**	**19**	**1,4**	**11**	**121**	**3,2**	**0,18**	**80**		

Die Speisenplanung kann mithilfe von Rezeptdateien sehr erleichtert werden. Die Deutsche Gesellschaft für Ernährung (Referat für Gemeinschaftsverpflegung, Godesberger Allee 18, 53175 Bonn) bietet z. B. ein PC-Programm für professionelle Anwender an, das unter anderem mehr als 600 Rezepte für die Gemeinschaftsverpflegung enthält. Aus den vorliegenden Daten der Rezepte kann mithilfe der elektronischen Datenverarbeitung direkt die Bestellmenge für die benötigten Lebensmittel errechnet werden (siehe hierzu auch Kapitel 2.6).

2.5.3 Speiseplan und Komponentenwahl

Speisepläne sind zur Vororientierung des Verpflegungsgastes wichtig. Beim Angebot von verschiedenen Komponenten ist es sinnvoll, im Speiseplan *optimale Kombinationen* zu kennzeichnen, z. B. durch eine Nummerierung oder durch Kennzeichnung eines Hauptgerichtes mit Wahlmöglichkeiten. In der folgenden Übersicht ist als Beispiel ein 3-Tage-Angebot mit verschiedenen Komponenten aufgezeigt.

	Vorspeisen Suppen	**Hauptgericht**	**Gemüse Salat**	**Beilagen**	**Dessert**
1. Tag	Buttermilchmix* Thunfisch Erbsensuppe Fruchtkaltschale	Schweinekotelett* Gemüseeintopf Schweineragout	Rosenkohl* Kopfsalat Sauerkraut	Salzkartoffeln* Röstkartoffeln Kartoffelpüree	Quarkcreme Pfirsichkompott Frischobst*
2. Tag	Wurstsalat Tomatensaft Selleriesuppe* Fischcocktail Leberknödelsuppe	Rahmhackbraten Hähnchenkeule* Wirsingeintopf Ungarisches Gulasch	Paprikagemüse* Rohkostsalat Wirsinggemüse Kopfsalat	Salzkartoffeln Reis* Spaghetti	Eis Joghurt* Obst Vanillecreme
3. Tag	Gemüsesaft* Kartoffelsuppe Fleischsalat Kraftbrühe	Schmorbraten Schweinesteak gegrillt Spaghetti mit Schinken und Tomaten*	Kräuterbohnen Rotkohl Gemischter Salat* Kopfsalat	Salzkartoffeln Kartoffelklöße Bratkartoffeln	Fruchtcreme Obst Eiswaffel*
		↓			

* Tagesvorschlag

2.5.4 Empfehlungen bezüglich Energiegehalt und Nährstoffanteil

Die Deutsche Gesellschaft für Ernährung (DGE) hat im Jahr 2000 neue Referenzwerte für die Nährstoffzufuhr herausgegeben. Mit diesen Referenzwerten werden die Nährstoffmengen bezeichnet, von denen angenommen wird, dass sie bei nahezu allen Personen der Bevölkerung die Gesundheit erhalten und fördern sowie lebenswichtige physische und psychische Funktionen sicherstellen. Die angegebenen Werte für Vitamine und Mineralstoffe beziehen sich auf die Mengen, die zum Zeitpunkt des Verzehrs noch im Lebensmittel enthalten sind. Für das Mittagessen wird ein Drittel des Tagesbedarfes zugrunde gelegt und in der Gemeinschaftsverpflegung ist es ausreichend, wenn die Richtwerte durchschnittlich über einen Zeitraum von vier Wochen erreicht werden.

Tägliche Energiezufuhr in Durchschnittswerten für Männer und Frauen

Je nach körperlicher Aktivität kann der Richtwert für die Energiezufuhr variieren. Bei geringer körperlicher Aktivität, das betrifft den größten Teil der Bevölkerung, liegt der tägliche Energiebedarf bei rund 2150 kcal bzw. 8996 kJ. Bei Menschen mit körperlich anstrengenden Berufen – Kellner, Verkäufer, Bauarbeiter, Leistungssportler – kann der Energiebedarf erheblich höher liegen.

Referenzwerte für Personen zwischen 19 und 65 Jahren	Tageswert	Mittagessen
Energie (durchschnittlich für Männer und Frauen) Eiweiß	8996 kJ 81 g	2999 kJ 36 g
Fett	72 g	24 g
Kohlenhydrate	296 g	90 g
Ballaststoffe	30 g	10 g
Vitamin E	14 mg	5 mg
Vitamin B_1	1,4 mg	0,4 mg
Vitamin B_2	1,4 mg	0,4 mg
Folsäure	400 Mikrogramm	133 Mikrogramm
Vitamin C	100 mg	33 mg
Calcium	1000 mg	333 mg
Magnesium	350 mg	117 mg
Eisen	15 mg	5 mg
Jod	200 Mikrogramm	67 Mikrogramm

Nährwertrelation

Die Nährwertanteile sollen nach den Angaben der DGE für Erwachsene im Tagesdurchschnitt folgendermaßen sein:

- 15 % der Gesamtenergiezufuhr aus Proteinen
- 30 % aus Fett
- 55 % aus Kohlenhydraten

Für Kinder im Kindergartenalter darf der Fettanteil höher liegen (bei 35 %), für Studenten und Berufstätige werden die Anteile mit 20 % Proteinen, 30 % Fett und 50 % Kohlenhydraten vorgegeben. Bei der Verpflegung in Krankenhäusern und Altenheimen müssen der geringere Gesamtenergiebedarf und die individuelle Situation der Versorgungsperson berücksichtigt werden.

2.5.5 Mengenangaben zur Berechnung von Kostplänen

Grundmengen pro Person (Auswahl)		
Suppe	als Vorspeise als Hauptgericht	250 g 500 g
Soße		60–100 g
Reis	als Beilage als Hauptgericht	60 g (roh) 100 g (roh)
Teigwaren	als Beilage	60 g (roh)
Kartoffeln	als Beilage für Eintopf	200 g 125 g
Gemüse	als Beilage für Eintopf	200 g 125 g
Salat		50–100 g
Fleisch		125 g
Hackfleisch		100 g
Fischfilet		150–200 g
Kompott		200 g
Süßspeisen		125 g

2.6 Einkaufs- und Bedarfsplanung

Die Einkaufs- und Bedarfsplanung für einen Großhaushalt umfasst Festlegungen für

- die Art der Güter, die beschafft werden sollen,
- die Qualität dieser Güter,
- den Beschaffungszeitpunkt.

2.6.1 Grundlegende Informationen

Bei der Einkaufs- und Bedarfsplanung ist eine Reihe von Informationen unerlässlich:

- Nährstoffbedarf der zu versorgenden Personengruppe
- Anzahl und Größe der Portionen
- Eigenschaften und Austauschbarkeit der Lebensmittel
- Zusammensetzung der Lebensmittel
- Preise der Lebensmittel
- Lagerung und Zubereitung

Ist der Bedarf festgelegt, muss die Vorratswirtschaft geplant werden. Mithilfe einer guten Lager- und Einkaufsplanung kann erheblich zur Kosteneinsparung beigetragen werden, denn die Lagerung verursacht nicht nur Kosten für Raum und Personal, sondern bindet auch Kapital. Die Ermittlung der optimalen Lagerbestände und der optimalen Bestellmengen ist also eine wichtige Aufgabe.

Der **optimale Lagerbestand** muss so groß sein, dass der Produktionsprozess ungestört ablaufen kann, er muss so klein sein, dass die Lagerkosten möglichst gering sind.

Um das zu erreichen, wird in der Lagerhaltung mit folgenden Größen gearbeitet:

- Der **Mindestbestand** ist der so genannte „eiserne Bestand", der praktisch nie angetastet werden sollte.

- Der **Höchstbestand** ist die maximale Lagermenge, die unter Berücksichtigung der Lagerkosten und des Verbrauches sinnvoll ist.

Normalerweise sollte sich der Lagerbestand mindestens 24- bis 36-mal im Jahr umschlagen. Das ist heute möglich, da Supermärkte, Großhandel und Einzelhandel auf Anruf liefern bzw. einen schnellen Einkauf zulassen. Geringer Warenumschlag erhöht den Bedarf an Lagerraum (höhere Lagerkosten, höheres Lagerrisiko) und hat zur Folge, dass beim Verbrauch eine durchschnittlich ältere Ware verarbeitet wird.

2.6.2 Hilfsmittel zur Einkaufs- und Bedarfsplanung

Um den Arbeitsablauf zu sichern, sind Informationen nötig. Je größer der Betrieb, umso weniger ist es möglich, diese Informationen mündlich weiterzugeben und sich auf das Gedächtnis zu stützen. Oft werden Informationen von verschiedenen Stellen benötigt. Für die Übertragung und Verarbeitung von Informationen sind also Hilfsmittel erforderlich. Solche Hilfsmittel können sein: *Karteien* (z. B. für die Lieferantenübersicht, für die Lagerhaltung und den Einkauf), *Vordrucke*, um Informationen geordnet zu erfassen (z. B. Speiseplanvordrucke, Anforderungsformulare für Waren aus dem Lager), *Plantafeln* (z. B. eine Lagerortübersicht im Tiefkühllager), *Ordner* und *Nachschlagewerke*.

Die **elektronische Datenverarbeitung** (EDV) mit Computern ist für die Datenerfassung und Übermittlung ein sehr wirkungsvolles und universell einsetzbares Hilfsmittel.

Speziell für die Einkaufs- und Lagerplanung gibt es als Hilfsmittel Wareneingangs- und Warenausgangslisten, Lagerbuch und Lagerkarteikarten sowie Lagerfachkarten.

Wareneingangs- und Warenausgangslisten verzeichnen die Warenbewegungen in zeitlicher Reihenfolge ohne Gruppierung nach Produkten. Als Grundlage für die Eintragungen werden Belege aus dem Wareneingang verwandt.

Lagerbuch oder Lagerkarteikarten sind so geordnet, dass für jede Warenart eine Rubrik oder Karte angelegt wird. Die Warenbewegungen werden mengen- und wertmäßig erfasst. Die wertmäßige Buchung kann dann als Grundlage in die Kostenkalkulation eingehen.

Die **Lagerfachkarte** wird am Fach des betreffenden Artikels angebracht, sie dient als Gegenkontrolle zur Lagerkartei, deren Soll-Bestand mit dem Ist-Bestand der Lagerfachkarte übereinstimmen muss.

2.6.3 Großküchenabrechnungssysteme mit EDV-Einsatz

Warenwirtschaftssysteme

Für den Einsatz von elektronischer Datenverarbeitung (EDV) in der Großküche gibt es eine Vielzahl von verschiedenen Softwarelösungen. Mithilfe der EDV kann das gesamte Warenwirtschaftssystem erfasst werden. Alltägliche Arbeitsvorgänge wie Menüplanung, Rezeptur und Lagerentnahme, Speisenproduktion, Speisenverteilung, Abrechnung, Lagerhaltung und Einkauf werden mithilfe der EDV bearbeitet. Routinearbeiten werden automatisch ausgeführt, grobe Planungsfehler vermieden, Arbeitskräfte und Gerätschaften effektiv eingesetzt, zu hohe und zu geringe Lagerbestände abgeschafft und das Bestellwesen wird automatisiert. Der gesamte Warenfluss kann mit der EDV erfasst und organisiert werden.

Management-Informationssysteme

Außer reinen Warenwirtschaftssystemen gibt es aber auch Softwarelösungen, die zu umfassenden Management-Informationssystemen entwickelt wurden. Mit ihrer Hilfe werden z. B. Daten erhoben und zu Programmen zusammengefasst, mit denen die Energieeinsparung, die Hygienekontrolle oder die Steuerung der Großküchenabläufe und der Speisenverteilung geregelt werden. Eine lückenlose Dokumentation aller betrieblichen Daten wird möglich und grundsätzliche Entscheidungen können auf der Grundlage aller gesammelten betrieblichen Daten getroffen werden.

Einführung von EDV

Wenn in einer Großküche der Einsatz von EDV geplant wird, empfiehlt es sich, Systeme mit einzelnen Modulen anzuschaffen. Die Module sollten speziell auf den Betrieb angepasst werden, untereinander verknüpft sein und nach dem Baukastensystem erweitert werden können. Schulungen für das Personal, Unterstützung bei der Installation des Systems, ein Kundendienst und eine regelmäßige Betreuung mit Service-Hotline und Programmwartung sind wichtige Voraussetzungen für die erfolgreiche Einführung von EDV in der Großküche.

Ein Beispiel für eine mögliche Gestaltung von Programm-Modulen zeigt die folgende Übersicht:

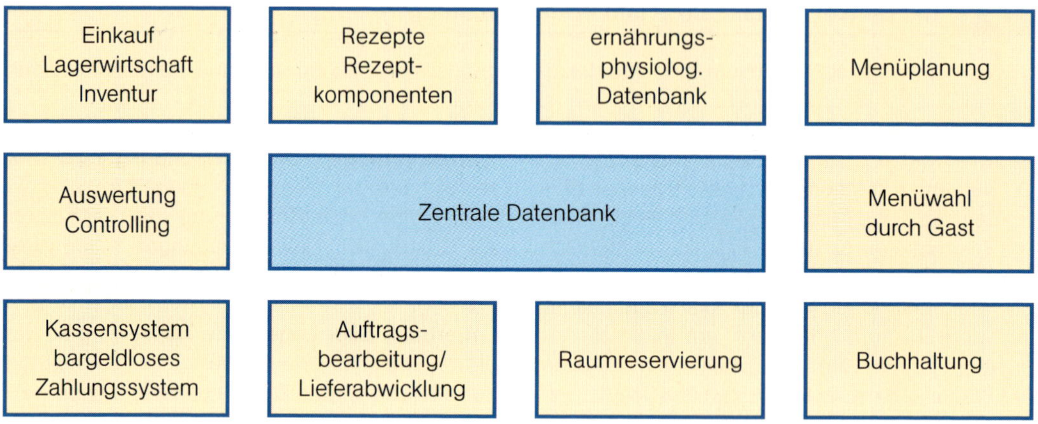

2.7 Personalbedarf in Verpflegungsbetrieben

Die Personalkosten machen in jedem Dienstleistungsbetrieb einen sehr hohen Anteil an den Gesamtkosten aus. Deshalb ist die genaue Ermittlung des Personalbedarfes eine wichtige Aufgabe. Zu viel Personal gefährdet die Wirtschaftlichkeit des Betriebes, zu wenig Personal führt zu Überforderung der Mitarbeiter und zu Qualitätsminderung.

Grundsätzlich muss bei der Festlegung des quantitativen Bedarfes berücksichtigt werden, zu welchen Zeiten die Arbeitskräfte eingesetzt werden (Schichten), wie hoch die voraussichtlichen Fehlzeiten eingeschätzt werden und welche tariflichen Arbeitszeiten gelten. Für die Festlegung der qualitativen Anforderungen werden Stellenbeschreibungen herangezogen. Analytische REFA-Arbeitsbewertungen geben dazu Hinweise.

Der konkrete Bedarf an Küchenpersonal hängt von folgenden Faktoren ab:

- Zahl der Tischgäste
- Anzahl der angebotenen Menüs bzw. Komponenten

- Art des Verpflegungsbetriebes. Bei einer Institution, die drei bis vier Mahlzeiten täglich – auch am Wochenende – anbietet, kann ein Vollzeitmitarbeiter durchschnittlich 15 bis 20 Essensteilnehmer versorgen. Bei einer Betriebsversorgung mit nur einer Hauptmahlzeit an fünf Tagen in der Woche kann ein Vollzeitmitarbeiter rund 40 Essensteilnehmer versorgen

- Anteil der vorgefertigten Lebensmittel. Wenn Convenience-Produkte in der Küche verwendet werden, dann kann das den Personalbedarf im Vergleich zu ausschließlicher Herstellung von Frischkost um bis zu 70 % reduzieren

- Art der Speisenausgabe. Bedienung des Tischgastes erfordert einen höheren Personalbedarf als Selbstbedienung

- Küchenausstattung. Je höher die Produktivität der eingesetzten Küchengeräte, umso niedriger der Personalbedarf

- Spülverfahren

- fachliche Qualifikation der Mitarbeiter

- Motivation der Mitarbeiter

- Personaleinsatzplanung

- Angebot zusätzlicher Dienstleistungen wie z. B. Sonderveranstaltungen, Automatenverpflegung u. a.

Richtwerte für den Personalbedarf

Zur Ermittlung des Personalbedarfes gibt es empirisch ermittelte Richtwerte (siehe auch Kap. 1.2), die aber nur als grobe Orientierungshilfe herangezogen werden können. Jeder Betrieb muss den eigenen Personalbedarf speziell ermitteln. Allgemein gilt: je größer der Betrieb, umso höher die Produktivität. Der Bedarf an qualifizierten Fachkräften nimmt mit der Größe der Küche zu. Ihr Anteil am Gesamtpersonal liegt zwischen 15 und 30 %. Die Arbeitsproduktivität einer Küchenkraft wird als Richtwert verwendet.

Arbeitsproduktivität einer Küchenkraft

Eine Arbeitskraft kann folgende Anzahl an Essensteilnehmern versorgen:

Betriebsgröße in Anzahl der Essensteilnehmer	**20–40**	**50–100**	**200–500**	**1000 und mehr**
Institutionelle Verpflegung 3–4 Essen an 7 Tagen	14	18	22	25
Betriebliche Verpflegung 1 Essen an 7 Tagen	28	36	44	50
Betriebliche Verpflegung 1 Essen an 5 Tagen	40	50	60	70

3 Einkauf, Lieferung, Lagerhaltung

3.1 Einkauf

Der richtige Einkauf ist ein wesentlicher Faktor für die Wirtschaftlichkeit einer Großküche und für die Qualität der produzierten Speisen. Richtig einkaufen heißt, die richtige Menge, Qualität und Auswahl von Waren zum richtigen Zeitpunkt beim richtigen Lieferanten zum richtigen Preis einzukaufen. Grundlage für den Wareneinkauf ist eine möglichst genaue Ermittlung des Bedarfes. Eine genaue Bedarfsermittlung schützt vor einem unnötig großen Lagerbestand mit hohen Lagerkosten, sie schützt vor der Gefahr des Warenverderbs und sie bewahrt vor den Versorgungsrisiken eines zu kleinen Lagers.

Ermittlung des Bedarfes

Bei kleineren Betrieben, z. B. Gaststätten, wird der Bedarf häufig aufgrund von Erfahrungswerten festgelegt. Größere Betriebe stützen sich bei der Bedarfsermittlung auf Verbrauchs- und Planungsdaten. Je nach Ausstattung des Betriebes mit elektronischer Datenverarbeitung können solche Daten in unterschiedlicher Aktualität und in unterschiedlichem Umfang vorliegen. Grundsätzlich müssen bei der Bedarfsermittlung berücksichtigt werden:

- der Speisenplan
- der voraussichtliche Warenverbrauch
- die Produktionsmöglichkeiten in der Küche
- der Lagerbestand
- die Lagerfähigkeit der Waren
- die Lagermöglichkeiten des Betriebes

Einkaufsabwicklung

Die Abwicklung des Einkaufes umfasst folgende Schritte:

- Leistungsverzeichnis erstellen; die gewünschten Waren werden aufgelistet, ihre Qualität wird genau beschrieben (Handelsklassen, Typen, Gütezeichen, Fettgehalt u. a.)
- Angebote einholen; dazu wird das Leistungsverzeichnis an mehrere Lieferanten mit der Bitte um ein Angebot weitergegeben
- Preisvergleiche anstellen
- Lieferverträge abschließen

Liefervertrag

Der Liefervertrag enthält Festlegungen zu den

- Lieferbedingungen,
- Preisen (mit und ohne Mehrwertsteuer),
- Zahlungsbedingungen,
- Kündigungsbedingungen.

In den Lieferbedingungen wird u. a. festgelegt, dass der Lieferant bei Verpackung und Transport die lebensmittelrechtlichen Vorschriften beachten muss (z. B. richtige Lagertemperatur für Tiefkühlware), dass der Küchenleiter das Recht hat, gelieferte Waren zu beurteilen und bei Mängeln zurückzuweisen, dass der Betrieb das Recht auf Ersatzbeschaffung bei nicht rechtzeitiger Lieferung hat und der Lieferant in diesem Fall die entstandenen Mehrkosten übernehmen muss.

In den Zahlungsbedingungen wird festgelegt, wann die Rechnung gestellt wird, z. B. Rechnungserstellung nach jeder Lieferung oder in bestimmten Zeitabständen. Zu den Zahlungsbedingungen gehören ebenso die Vereinbarungen über Mengen- und Barzahlungsrabatte.

Lieferantenwahl

Die Zusammenarbeit mit leistungsfähigen und zuverlässigen Lieferanten ist wichtig für den geregelten Betriebsablauf. Deswegen ist es sinnvoll, die Wahl der Lieferanten nicht nur am Preisangebot zu orientieren. Zur Beurteilung des Lieferanten sollten folgende Kriterien herangezogen werden:

- Preisangebot
- Zuverlässigkeit des Lieferanten
- Lieferbedingungen
- Breite des Warenangebotes
- Standort (Transportaufwand)
- Schnelligkeit des Bestellweges (E-Mail, Internet)

- Schnelligkeit der Lieferung
- Flexibilität
- Kooperationsbereitschaft

Bestellung

Die Bestellung erfolgt im Allgemeinen schriftlich, per Fax, E-Mail oder Internet. In Einzelfällen kann sie auch telefonisch erfolgen. Liegt der Lieferfirma ein Leistungsverzeichnis vor, kann sich der Küchenchef darauf beziehen und braucht nur den Artikel und die Bestellmenge angeben, genaue Qualitätsangaben erübrigen sich in diesem Fall von selbst. Wenn Leistungsangebote älteren Datums vorliegen, ist es sinnvoll, sich die Gültigkeit der Preise bestätigen zu lassen. Sollte der Lieferant nur zu einem höheren Preis liefern können, so muss er die Bestellung mit einem neuen Preisangebot zurückgeben.
Schriftliche Unterlagen sind für die später erfolgende Warenannahme, die Kontrolle der Lieferung und die Bezahlung der Ware wichtig. Aus diesem Grund muss eine Kopie der Bestellung für den Lagerverwalter im Betrieb bleiben. Beim Einsatz von Warenwirtschaftssystemen mit Computer erfolgt der Ausdruck solcher Belege automatisch. Bei telefonischer Bestellung sollte eine schriftliche Bestellnotiz verfasst werden.

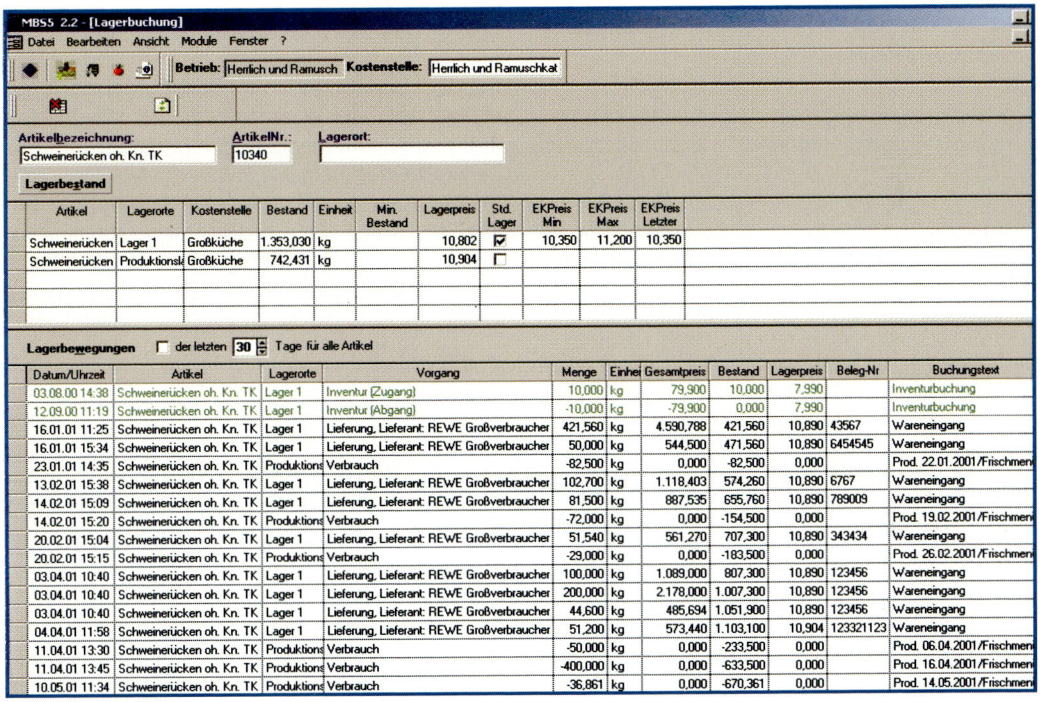

MBS5 2.2 - [Lagerbuchung]
Datei Bearbeiten Ansicht Module Fenster ?
Betrieb: Herrlich und Ramusch Kostenstelle: Herrlich und Ramuschkat

Artikelbezeichnung: Schweinerücken oh. Kn. TK
ArtikelNr.: 10340
Lagerort:

Lagerbestand

Artikel	Lagerorte	Kostenstelle	Bestand	Einheit	Min. Bestand	Lagerpreis	Std. Lager	EKPreis Min	EKPreis Max	EKPreis Letzter
Schweinerücken	Lager 1	Großküche	1.353,030	kg		10,802	☑	10,350	11,200	10,350
Schweinerücken	Produktionsl	Großküche	742,431	kg		10,904	☐			

Lagerbewegungen ☐ der letzten 30 Tage für alle Artikel

Datum/Uhrzeit	Artikel	Lagerorte	Vorgang	Menge	Einhei	Gesamtpreis	Bestand	Lagerpreis	Beleg-Nr	Buchungstext
03.08.00 14:38	Schweinerücken oh. Kn. TK	Lager 1	Inventur (Zugang)	10,000	kg	79,900	10,000	7,990		Inventurbuchung
12.09.00 11:19	Schweinerücken oh. Kn. TK	Lager 1	Inventur (Abgang)	-10,000	kg	-79,900	0,000	7,990		Inventurbuchung
16.01.01 11:25	Schweinerücken oh. Kn. TK	Lager 1	Lieferung, Lieferant: REWE Großverbraucher	421,560	kg	4.590,788	421,560	10,890	43567	Wareneingang
16.01.01 15:34	Schweinerücken oh. Kn. TK	Lager 1	Lieferung, Lieferant: REWE Großverbraucher	50,000	kg	544,500	471,560	10,890	6454545	Wareneingang
23.01.01 14:35	Schweinerücken oh. Kn. TK	Produktions	Verbrauch	-82,500	kg	0,000	-82,500	0,000		Prod. 22.01.2001/Frischmen
13.02.01 15:38	Schweinerücken oh. Kn. TK	Lager 1	Lieferung, Lieferant: REWE Großverbraucher	102,700	kg	1.118,403	574,260	10,890	6767	Wareneingang
14.02.01 15:09	Schweinerücken oh. Kn. TK	Lager 1	Lieferung, Lieferant: REWE Großverbraucher	81,500	kg	887,535	655,760	10,890	789009	Wareneingang
14.02.01 15:20	Schweinerücken oh. Kn. TK	Produktions	Verbrauch	-72,000	kg	0,000	-154,500	0,000		Prod. 19.02.2001/Frischmen
20.02.01 15:04	Schweinerücken oh. Kn. TK	Lager 1	Lieferung, Lieferant: REWE Großverbraucher	51,540	kg	561,270	707,300	10,890	343434	Wareneingang
20.02.01 15:15	Schweinerücken oh. Kn. TK	Produktions	Verbrauch	-29,000	kg	0,000	-183,500	0,000		Prod. 26.02.2001/Frischmen
03.04.01 10:40	Schweinerücken oh. Kn. TK	Lager 1	Lieferung, Lieferant: REWE Großverbraucher	100,000	kg	1.089,000	807,300	10,890	123456	Wareneingang
03.04.01 10:40	Schweinerücken oh. Kn. TK	Lager 1	Lieferung, Lieferant: REWE Großverbraucher	200,000	kg	2.178,000	1.007,300	10,890	123456	Wareneingang
03.04.01 10:40	Schweinerücken oh. Kn. TK	Lager 1	Lieferung, Lieferant: REWE Großverbraucher	44,600	kg	485,694	1.051,900	10,890	123456	Wareneingang
04.04.01 11:58	Schweinerücken oh. Kn. TK	Lager 1	Lieferung, Lieferant: REWE Großverbraucher	51,200	kg	573,440	1.103,100	10,904	123321123	Wareneingang
11.04.01 13:30	Schweinerücken oh. Kn. TK	Produktions	Verbrauch	-50,000	kg	0,000	-233,500	0,000		Prod. 06.04.2001/Frischmen
11.04.01 13:45	Schweinerücken oh. Kn. TK	Produktions	Verbrauch	-400,000	kg	0,000	-633,500	0,000		Prod. 16.04.2001/Frischmen
10.05.01 11:34	Schweinerücken oh. Kn. TK	Produktions	Verbrauch	-36,861	kg	0,000	-670,361	0,000		Prod. 14.05.2001/Frischmen

Lagerkarteikarte

3.2 Warenannahme und Warenkontrolle

Die **Warenannahme** erfolgt in Anwesenheit des Überbringers. Es wird die Anzahl der Gebinde, die Aufschrift und die äußere Verpackung überprüft. Mit der Unterschrift auf dem Lieferschein wird die Warenannahme bestätigt. Liegen Mängel vor, lässt sich der Empfänger diese vom Überbringer bescheinigen oder er verweigert die Annahme der gelieferten Ware.

Zur **Warenkontrolle** wird die Ware aus den großen Verpackungseinheiten ausgepackt und überprüft. Dabei müssen folgende Fragen überprüft werden:

- Stimmt die gelieferte Menge, Qualität und Art der Ware mit der Bestellung überein?
- Ist die Ware mit Schädlingen verunreinigt?
- Weist die Ware Frische- oder Qualitätsmängel auf (z. B. Schimmel, Schmutz, Frostbrand, Schnee- oder Eisbildung bei TK-Waren)?
- Sind die Verpackungen beschädigt, durchnässt, verschmutzt?
- Ist das Mindesthaltbarkeitsdatum/Verbrauchsdatum abgelaufen?
- Sind bei kühl- und tiefkühlpflichtigen Lebensmitteln die Lagertemperaturen eingehalten worden?

Überalterte Ware wird zurückgewiesen. Waren, deren Haltbarkeit so bald abgelaufen ist, dass sie bis zum angegebenen Termin nicht verbraucht werden können, sollten auch zurückgewiesen werden. Wenn unter einwandfreien Gebinden auch nur eines als überaltert gefunden wird, so ist zu überlegen, ob nicht die ganze Lieferung zurückgegeben werden soll, damit der Lieferant in Zukunft selbst auf einwandfreie Warenlieferung achtet.

Frischwaren werden sofort überprüft. Bei einzulagernden Waren ist eine Reklamation noch innerhalb von zwei Tagen möglich. Beanstandete Ware muss so lange sachgerecht aufbewahrt werden, bis der Verkäufer mitteilt, wie er mit ihr verfahren möchte. Für die notwendige Lagerung kann dem Lieferanten Lagergeld berechnet werden.

Ist die Ware kontrolliert, dann wird ihr Eingang im Bestellbuch oder im Computer vermerkt und in der Lagerbuchführung entsprechend eintragen.

Auf dem **Lieferschein** wird durch Unterschrift bestätigt, dass die Ware ordnungsgemäß geliefert und angenommen wurde. Eine Ausfertigung des Lieferscheines geht ins Küchenbüro. Gehen die Rechnungen ein, werden sie mit dem Lieferschein verglichen. Erst nach festgestellter Übereinstimmung erfolgt die **Bezahlung**. Führt die Küche keine eigene Kasse, dann werden die unterzeichneten Lieferscheine an die zahlende Stelle weitergeleitet.

3.3 Einkauf, Lieferung und Lagerhaltung mit EDV-Einsatz

Der gesamte Warenfluss in der Großküche kann mit EDV erfasst und organisiert werden. Hierzu werden Warenwirtschaftssysteme eingesetzt, die Planung, Einkauf und Lagerhaltung weitgehend automatisieren. Diese Warenwirtschaftssysteme werden mit den Stammdaten des jeweiligen Betriebes ausgestattet (Artikelstamm, Lieferantendaten, eventuell Rezeptdateien) und bieten meistens auch Datenbanken wie Rezeptdateien, Nährwertdateien, Menüvorschläge u. a. an. Stammdaten und Datenbanken werden dann einheitlich vom Einkauf über die Lagerentnahme und Produktion bis zum Verkauf verwendet.

Die aktuelle Bedarfsermittlung ist mit EDV-Einsatz täglich möglich. Das System kann sich dabei auf die Daten aus dem Verkauf des Vortages stützen, wenn der Betrieb über eine integrierte Kassenanbindung verfügt. Auch die elektronisch erhobenen Menüwünsche der Essensgäste können zur Bedarfsermittlung herangezogen werden.

Für Bestellungen können EDV-Warenwirtschaftssysteme verschiedene Erleichterungen bieten, wie z. B. die Auflösung der Rezepturdateien in Bestelllisten, automatische Bestellvorschläge oder die Möglichkeit der automatischen Bestellung bei Vorzugslieferanten. Schnelles Bestellen ist möglich über Faxversand direkt vom PC aus oder über Internetanbindung. Bestelldokumente für den Wareneingang werden automatisch ausgedruckt.

Die Lagerhaltung mit EDV-Unterstützung macht eine aktuelle Bestandsführung und eine automatische Inventurerfassung möglich. Auch bei der Wareneingangskontrolle ist eine automatisierte Zugangsbuchung möglich.

3.4 Lagerhaltung

Ein Warenlager verursacht Lagerkosten, weil im Warenbestand Kapital gebunden ist und für die Lagerung Raum- und Personalkosten entstehen. Werden Waren lange gelagert, so ist damit ein höheres **Lagerrisiko** verbunden (z. B. Warenverderb, technische Warenalterung oder Geschmackswandel beim Kunden). Auch Feuer und Diebstahlgefahr stellen ein Risiko dar. Um das Lagerrisiko möglichst gering zu halten, sollte die Umschlaghäufigkeit der Waren möglichst groß sein. (Die Umschlaghäufigkeit ist die Geschwindigkeit, mit der der durchschnittliche Lagerbestand umgesetzt wird.) Auch regelmäßige **Lagerkontrollen** mindern das Lagerrisiko.

Bei der Lagerhaltung sind einige **wichtige Regeln** zu beachten:

1. Das **Fließprinzip** ist zu berücksichtigen. Das bedeutet zum einen, dass das Lager zwischen dem Liefereingang und der Küche, also „auf dem Weg", liegen sollte. Zum andern ist das Fließprinzip auch bei der Bestückung und Entnahme zu beachten: Die Bestände sind so anzuordnen, dass beim Einordnen der neuen Ware die alten Bestände nicht jedes Mal umgeräumt werden müssen. Ferner ist dafür zu sorgen, dass Leergut und Abfall in ungehindertem Fluss aus dem Lager entfernt werden können. Durch Schaffung neuer Türen oder Durchgänge lässt sich der Fluss von Waren oder Leergut oft erstaunlich verbessern!
2. **Übersicht und Greifbarkeit** müssen mit optimaler Raumausnutzung in Einklang gebracht werden. Die meistgebrauchten Artikel werden in *Griffhöhe* gelagert, kleine und schlecht erkennbare Packungen in *Augenhöhe*, Großgebinde auf dem Boden. Die Ware bleibt nach Möglichkeit in ihrer Originalverpackung. Schon bei der Bestellung ist darauf zu achten, dass Verpackungs- oder Gebindegröße den Verbrauchseinheiten der Küche etwa entsprechen, denn mit der Regel „Lagereinheit = Auslieferungseinheit" lässt sich die Warenausgabe sehr stark rationalisieren.
3. **Haltbarkeit und Sicherheit** der gelagerten Ware müssen ständig überwacht werden. Das Haltbarkeitsdatum auf verderblichen Waren soll deutlich sichtbar sein; evtl. wird es mit Filzstift in großen Zahlen angeschrieben. Bei Waren ohne Angabe eines Haltbarkeitsdatums kann – mit anderer Farbe des Filzstiftes – das *Lieferdatum* angeschrieben werden.[1] – Auch die *Lagertemperatur* ist laufend zu überwachen und empfindliche Ware muss vor *Sonneneinstrahlung* geschützt werden. *Ungeziefer* darf sich nicht einnisten und muss gegebenenfalls zielgerichtet bekämpft werden. Auch dürfen die Maßnahmen zum *Brandschutz* nicht außer Acht gelassen werden.
4. Geeignete **Lagerbedingungen** (Temperatur, Luftfeuchtigkeit) sind einzuhalten.

Lagerbedingungen

Lagerart	Waren	Temperatur
Normaltemperaturlager ▪ 4 bis 16 °C ▪ Luftfeuchtigkeit 70 bis 80 %	▪ Konserven ▪ Getränke in Flaschen ▪ Gewürze ▪ Trockenvorräte	4 bis 6 °C 4 bis 6 °C 0 bis 16 °C 12 bis 16 °C
Kühllager ▪ 4 bis 6 °C ▪ Luftfeuchtigkeit 80 bis 95 %	▪ Obst, Gemüse ▪ Milch, Fett, Käse, Eier ▪ Fleisch, Wurst ▪ Kartoffeln	0 bis 8 °C 2 bis 4 °C 2 bis 4 °C 4 bis 10 °C
Tiefkühllager ▪ –18 bis –25 °C	▪ Tiefkühlprodukte	–18 bis –25°C

1 Auch Vollkonserven sind nicht unbeschränkt lagerfähig; nach etwa vier Jahren tritt abiotischer Verderb ein.

Lagereinrichtungen

Die Lagereinrichtungen sollten ausreichend groß sein, wobei neben der Größe des Betriebes auch die Breite und Tiefe des Verpflegungsangebotes mit ausschlaggebend sind. Zweckmäßige Hilfsmittel wie Waagen, Messinstrumente u. a. sollen die mit der Lagerung verbundenen Tätigkeiten unterstützen.

Belichtung, Temperatur und Luftfeuchtigkeit müssen je nach eingelagerter Ware geregelt werden. Die gesamten Lagereinrichtungen müssen gegen Feuer und Einbruch gesichert sein.

3.5 Trennung der Vorräte

Bei der Lagerung müssen Trockenvorräte, Feucht-/Frischvorräte, Kühl- und Tiefkühlvorräte getrennt gelagert werden.

3.5.1 Lagerung von Trockenvorräten und Brot

Mehl, Brot, Grieß, Zucker, Salz, Kaffee, Tee und Gewürze sind vor Feuchtigkeit, vor Geruchsverlusten und vor Geruchsübertragung zu schützen.

- Die Trockenvorräte müssen voneinander getrennt in geschlossenen Behältern aufbewahrt werden. Behälter stark duftender Vorräte (Gewürze!) müssen luftdicht verschließbar sein. Sackware muss auf Holzrosten stehen. Gewürze sollten außerdem nicht in durchsichtigen Glaswaren gelagert werden.
- Vorsicht an kalten Außenwänden: Vorratsbehälter von der Wand abrücken, damit kein Schwitzwasser entsteht.
- Behälter für offene Vorräte müssen in regelmäßigen Abständen ganz entleert und gereinigt werden.
- Brotvorräte müssen in gesonderten, gut belüfteten Frischhaltefächern gelagert werden. Bei hohem Verbrauch an Brot und Backwaren empfiehlt es sich, einen eigenen **Brotraum** einzurichten. Darin findet dann auch die Brotschneidemaschine ihren Platz.

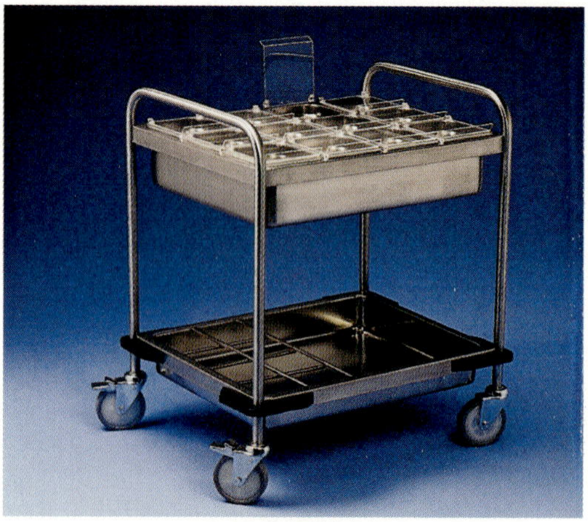

Gewürzwagen mit Lenkrollen
Das fahrbare Gerät kann in großen Küchen immer dorthin gerollt werden, wo Speisen zu würzen oder abzuschmecken sind.

3.5.2 Lagerung von Feucht-/Frischvorräten

Kartoffeln, frisches Gemüse und Obst werden am besten in gut lüftbaren kühlen und dunklen Kellerräumen bei hoher Luftfeuchtigkeit (etwa 90 %)[1] gelagert. Obst sollte von den Kartoffeln getrennt gelagert werden, denn es fördert durch seine aromatischen Stoffwechselprodukte das Keimen der Kartoffeln. Auch die Lagertemperaturen sind verschieden: Kartoffeln brauchen +4 bis +6 °C, Äpfel und Birnen dagegen nur 0 bis −1 °C (= Kaltlagerung), Gemüse +6 bis +8 °C.

Kartoffeln werden süß, wenn die Lagertemperatur unter +4 °C absinkt, weil der aus Stärke gebildete Zucker dann nicht mehr veratmet wird. Bei −3 °C erfrieren die Kartoffeln (ohne süß zu werden!).

Äpfel und anderes Lagerobst sind bei zu warmer Lagerung starker Schrumpfung ausgesetzt. Sie müssen so kühl wie möglich gelagert werden; geringe Frostgrade schaden nicht. Ab −3 °C ist Frostschutz erforderlich.
Zwiebeln, Knoblauch, Zitrusfrüchte und Bananen gehören (geruchdicht getrennt) in ungekühlte Lager.

3.5.3 Lagerung von Kühl- und Tiefkühlvorräten (Geräte hierzu s. Kap. 4.6)

- Frischfleisch muss auf spezielle Fleischhaken gehängt werden, die Stücke dürfen sich nicht gegenseitig berühren und nicht zusammen mit Innereien und Pökelfleisch gelagert werden.
- Milch und Milcherzeugnisse sind vor Fremdgeruch zu schützen, da sie diesen leicht aufnehmen. Käse muss zwecks besserer Belüftung auf Lücke gestapelt werden.
- Eier sollen mit dem spitzen Pol nach unten und nicht zusammen mit geruchsintensiven Produkten gelagert werden.
- Bei der Lagerung tiefgekühlter Produkte darf die Gefriertemperatur von −18 °C nicht überschritten werden. Eine sachgerechte Verpackung muss vor Feuchtigkeitsverlust und Gefrierbrand schützen.

[1] Feuchtigkeitsmesser werden im Raum aufgehängt und zeigen mit Farbumschlag eines Indikatorpapieres die Luftfeuchtigkeit an.

4 Räume und Installationen

4.1 Räume und Raumgliederung

4.1.1 Zum Großküchenbereich gehörende Räume

Zum Bereich einer Großküche gehören alle Räume, die zur Herstellung, zur Ausgabe und zum Verzehr der Mahlzeiten benötigt werden.

- Die **Küche** bildet das Zentrum. In ihr gibt es getrennte Arbeitsbereiche: Koch- und Bratküche, kalte Küche (mit Kaffeeküche), Spülküche, Gemüse- und Kartoffelvorbereitung, Fleischvorbereitung und Materialausgabe. Von der Küche sollen auf möglichst kurzen Wegen erreichbar sein:
- die **Vorratsräume** für Kühl-, Feucht-/Frisch- und Trockenvorräte mit *Materialannahme* am Lieferanteneingang (Laderampe, Waage) und *Abfallbeseitigung*: Raum für leeres Packmaterial und für die Mülltonnen,
- die **Personalräume** mit Personaleingang, Garderoben und Toiletten, Aufenthaltsraum und Küchenbüro,
- die **Gasträume**: Speiseräume mit Gästeeingang und Toiletten und mit einer Kleinverkaufsabteilung für Rauchwaren, Süßwaren und Papierwaren (mit Bedienung oder mit Selbstbedienungsautomaten).

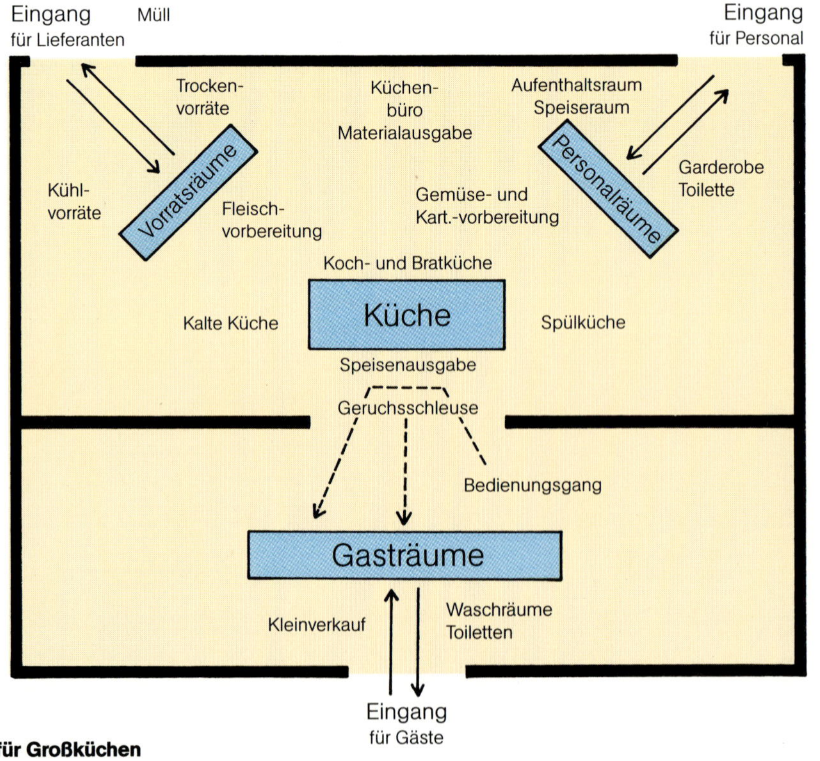

Raumplan für Großküchen
Im Zentrum liegt die Koch- und Bratküche mit Speisenausgabe zu den Gasträumen hin. Zu beiden Seiten liegen kalte Küche und Spülküche, ebenfalls durch Theken mit den Gasträumen verbunden. Im Hintergrund der Küche befinden sich die Vorratsräume und die Personalräume (mit getrennten Eingängen), zentral dazu das Küchenbüro und die Materialausgabe. Neben dem Gästeeingang sind Waschräume mit Toiletten und auf der anderen Seite ein Kleinverkaufsstand vorgesehen.

4.1.2 Raumgrößen und Raumausstattung

Die **Zahl** und die **Größe der Räume** im Großküchenbereich sind abhängig

- von der Zahl der Essensportionen für die Hauptmahlzeit (warmes Essen),
- von der Art und der Zahl der Kochgeräte (Luftwechselzahl, s. 4.2.3),
- vom Umfang der Lebensmittelvorräte (Wege zum Markt),
- von der Zahl der Tischgäste je Essensschicht (Speisesaal),
- von der Zahl der Hilfskräfte (Personalräume).

Das Größenverhältnis von Speisesaal (mit Speisenausgabe) zu Wirtschaftsräumen (Küche und Nebenräume) beträgt etwa 2:1. Für einen Sitzplatz im Speisesaal rechnet man 1,5 m²; die dazugehörige Wirtschaftsfläche beträgt demnach etwa 0,7 m².

Davon werden 0,4 m² für die Küche benötigt, 0,2 m² für die Vorratsräume und 0,1 m² für die Personalräume. Bei kleiner Teilnehmerzahl liegt der Raumbedarf pro Essen etwas höher, bei großer Teilnehmerzahl etwas niedriger.

Unter Zugrundelegung dieser Richtzahlen ergeben sich für Betriebe verschiedener Größe folgende Raummaße:

Versorgungspersonen	50	100	200	300	500	Essen
Speisesaal (mit Ausgabe)	80	155	300	450	750	m² Fläche
Küche (mit Spülküche)	30	60	90	120	150	m² Fläche
Vorratsräume	20	30	40	50	60	m² Fläche
Personal- u. Nebenräume	15	20	25	30	35	m² Fläche
insgesamt:	145	265	455	650	995	m² Fläche

Wird in mehreren Schichten gegessen, so ist der Raumbedarf geringer: Die Größe des Speisesaales wird durch die Zahl der Essen je Schicht bestimmt; die Größe der Wirtschaftsräume errechnet sich aus der Zahl der Essen für zwei bis drei Schichten (Dauer einer Schicht 20 bis 30 Minuten).

Die **Vorratsräume** können kleiner sein als oben angegeben, wenn täglicher Nachschub erfolgt. In kleinen Betrieben werden jedoch oft noch größere Vorratsräume gebraucht, weil ausgedehnte Vorratshaltung betrieben wird: Konservierung betriebseigener Gartenprodukte oder Mengeneinkauf beim Großhandel, um Zeit zu sparen und Mengenrabatte zu nutzen. Daher werden in kleinen Betrieben im Allgemeinen je Versorgungsperson mehr Vorräte gelagert als in großen Betrieben, die jeden Tag große Mengen verbrauchen und deshalb täglich (oder doch in kurzen Zeitabständen) einkaufen. 7-Tage-Vollverpflegung erfordert mehr Vorratsraum als 5-Tage-Halbverpflegung (in Kantinen).

Ein **Wäscheraum** mit Waschmaschine, Nähmaschine und Wäscheschränkchen ist zur Pflege der Küchenwäsche vorzusehen, wenn im Haus keine andere Wasch- und Flickwäscheunterbringungsmöglichkeit gegeben ist.

Der **Speisesaal** und die **Personalräume** werden hinsichtlich der Raumplanung und Einrichtung in Kapitel 13 besprochen.

Weiterhin sind bei der Raumplanung folgende Punkte zu beachten: Die *lichte Höhe* der Küche soll mindestens 3 m betragen. – *Abluftkamine* sind einzuplanen; sie müssen über das Dach hinausragen. – Die *Bodenentwässerung* muss ausreichend dimensioniert sein (Rohrdurchmesser 100 mm), bodenebene *Sickerroste* im Kochzentrum und in der Spülküche sind vorzusehen. *Handwaschbecken* und gesonderter *Schmutzwasserausguss* dürfen nicht fehlen.

4.1.3 Funktionszusammenhang der Räume

Jede Küche hat ihre Arbeitsschwerpunkte; dazu gehören der Herd, die Spüle und der Arbeitstisch. Es ist wichtig, solche Schwerpunkte bei der Raumgliederung zu berücksichtigen, sie gut zu verteilen und einander sinnvoll zuzuordnen.

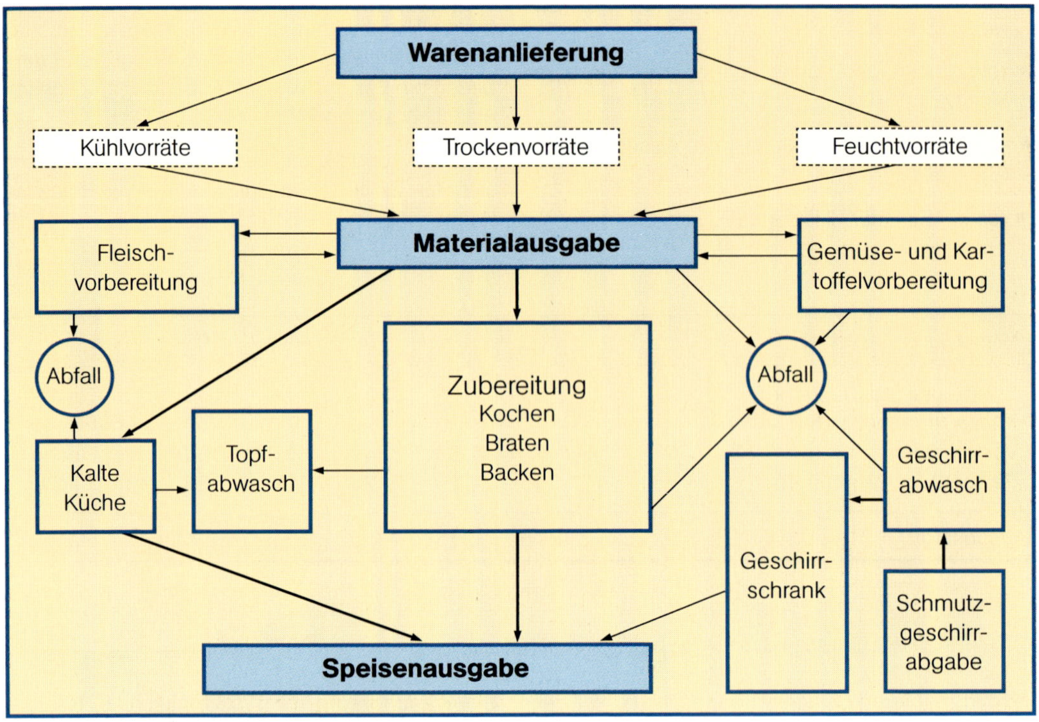

Schwerpunktverteilung in einer Großküche

Die Wege zwischen Arbeitsschwerpunkten, die zueinander in Beziehung stehen, sollen kurz sein und sich möglichst nicht mit anderen Wegen kreuzen. Um eine kreuzungsfreie und kurze Wegführung zu erreichen, ist es mitunter nötig, Schwerpunkte zu trennen und in der Küche zu verteilen, z. B. mehrere Abfallsammelstellen einzurichten oder mehrere Arbeitstische aufzustellen.

Bei Planung der **Elektroinstallation** ist zu berücksichtigen, dass viele Steckdosen (220 V und 380 V) in der ganzen Küche verteilt und in den Vorratsräumen gebraucht werden. Elektroanschlüsse müssen in der Küche über der Tischhöhe liegen (mindestens 90 cm hoch). In großen Küchen ist auch eine Telefon- und Sprechanlage vorzusehen: vom Küchenbüro zur Speisenausgabe, zur Spülküche, zum Personalraum, zum Lieferanteneingang.

In der Küche und den dazugehörigen Nebenräumen müssen für den Fall drohender Gefahr **Rettungswege** und **Notausgänge** gekennzeichnet sein. Für jeden Arbeitsplatz wird der kürzeste Rettungsweg mit Richtungspfeilen dauerhaft markiert. Türen im Verlauf von Rettungswegen müssen in Fluchtrichtung aufschlagen und sich ohne Hilfsmittel jederzeit leicht öffnen lassen. Drehtüren sind unzulässig; automatische Türen müssen sich bei Stromausfall selbsttätig öffnen und offen bleiben. Rettungswege dürfen niemals eingeengt werden und sind stets freizuhalten.

4.2 Lüftung

4.2.1 Trennung von Küche und Speisesaal

Kochgerüche und Feuchtigkeit sind sowohl in der Küche selbst als auch in anderen Räumen unangenehm. Bereits durch bauliche Maßnahmen können hier Belastungen vermieden werden. Um Kochgerüche von den Gasträumen fern zu halten, gibt es drei bauliche Möglichkeiten:

- Die Küche wird *ein Stockwerk höher gelegt* als die Speiseräume (vielleicht überhaupt in das oberste Stockwerk des Hauses): Aufsteigende Küchendünste können niemanden belästigen, aber der Weg von der Küche zu den Speiseräumen ist weit und das Warmhalten der Speisen wird zum Problem. Auch die Materialanlieferung zur Küche und die Abfallbeseitigung sind umständlicher als in einer ebenerdigen Küche.

- Zwischen Küche und Speisesaal wird eine *Geruchsschleuse* eingebaut: ein schmaler gut durchlüfteter Raum[1] vor der Essensausgabe mit zwei Türen zum Speisesaal (Eingang und Ausgang für die Bedienung oder den sich selbst bedienenden Gast). Diese Lösung ist trotz Verlängerung des Bedienungsweges am wirksamsten.

- Eine tief gezogene *Schürze über der Speisenausgabe* hält die aufsteigenden Küchendünste zurück. Als Schürze bezeichnet man die Trennwand, die über der Ausgabentheke zur Decke geführt ist; sie kann verglast sein. Mit einem beweglichen Ausgabefenster (oder einer Rollwand) lässt sich die Öffnung zwischen Theke und Schürze verschließen. Damit wird erreicht:
  1. Der bei Aufräumungsarbeiten in erhöhtem Maße auftretende Küchenlärm wird vom Speisesaal fern gehalten.
  2. Getrennt von den Kocheinrichtungen kann der Speisesaal außerhalb der Essenszeiten auch anderer Nutzung zugeführt werden.

Unbehindert sieht der Gast das durch Glasfronten geschützte Speisenangebot. Über den Glasbauten zieht sich ein Lichtband in einem Chromnickelstahlgehäuse. Darin sind neben der Beleuchtung auch die Jalousien zum Verschließen der Speisenausgabelinie, Infrarotheizung und die Zuluft montiert.

---

1 Absaugen der Dünste mittels Gebläselüftung (s. Kap. 4.2.2).

4.2.2 Fenster- oder Gebläselüftung, Fettfilter

Die Lüftung der Küche hat die Aufgabe, die Kochgerüche sowie überschüssige Luftfeuchtigkeit und Wärme abzuleiten.

Fensterlüftung ist nur teilweise wirksam und hat Nachteile: Einseitige Fensterlüftung ist meist nicht ausreichend, während doppelseitige Belüftung die Zugluft verstärkt und somit eine gesundheitliche Gefährdung der Beschäftigten darstellt. Außerdem verursacht die kalte Frischluft in der Küche Nebel.

Luftschächte ersetzen oder ergänzen die Fensterlüftung. Sie können an Innenwänden und in die Decke eingebaut werden und sind mit Fettfangfiltern ausgestattet. Die warme feuchtigkeitsbeladene Luft aus der Küche zieht ab, angewärmte Luft aus den Nebenräumen wird angesaugt. An heißen Sommertagen kann die Schachtlüftung allerdings versagen, wenn die Außentemperatur höher ist als die Temperatur der Küchenluft.

Gebläselüftung ist für die meisten Großküchen erforderlich.

Hier ist zwischen zwei Prinzipien zu unterscheiden: Unterdrucklüftung und Überdrucklüftung. Während eine Überdrucklüftung (= **Be**lüftung) in Räumen mit geringer Luftverschlechterung (z. B. in Büros, Läden, Speisesälen) ausreicht, wird bei innen liegenden Räumen, Küchen, Sanitärbereichen usw., eine Unterdrucklüftung (= **Ent**lüftung) benötigt.

Bei der *Unterdrucklüftung* wird die verbrauchte Luft abgesaugt (= **Ent**lüftung). Im Raum entsteht ein Unterdruck, durch Türen und Fenster der Gegenseite dringt Frischluft nach. Für Küchen mit ölbeheizten Herden ist dies Verfahren nicht geeignet, denn der Kaminzug wird beeinträchtigt und die Verbrennung behindert. Nebelbildung tritt nicht auf, weil die aus Nebenräumen angesaugte Frischluft bereits angewärmt und trocken ist. Es kommt auch nicht zur Geruchsverschleppung.

Bei der *Überdrucklüftung* wird Frischluft angesaugt und in den Raum gedrückt (= **Be**lüftung), wobei die verbrauchte Luft durch Türen und Fenster hinausbefördert wird. Ölfeuer werden nicht beeinträchtigt. Bei Küchen führt dieses Lüftungsverfahren zu Nebelbildung, weil kalte Frischluft zugeführt wird. Die verbrauchte Luft würde in angrenzende Räume gedrückt. Eine Überdrucklüftung muss also in einem der Küche benachbarten Raum installiert sein, um dem Küchendunst entgegenzuwirken, d. h. ihn durch das Küchenfenster hinauszudrücken. Nachteilig ist dabei, dass der angrenzende Raum stark auskühlt, wodurch im Allgemeinen die Kombination mit einer Klimaanlage notwendig ist.

Die Geräte, die zur Lüftung von Küchen eingesetzt werden, funktionieren im Allgemeinen nach dem Unterdruckprinzip.

Einzeldunstabzugshauben können zentral, d. h. direkt über dem Herd, oder auch dezentral angebracht werden. Der Wrasen wird von einem Ventilator angesaugt, über einen Fettfilter geleitet und anschließend durch einen Abluftkanal ins Freie geführt (Ablufthaube). Häufig sind die Hauben auch mit Beleuchtungskörpern ausgestattet.

Großküchenhauben werden bei stärkerem Wrasenanfall eingesetzt. Ihre Absaugflächen sind wesentlich größer als die einzelner Dunstabzugshauben und sie sind so angebracht, dass sie alle Grill-, Brat- und Kochstationen zusammen entlüften können. Diese Hauben sind zum Teil auch mit einer Zuluftregelung ausgestattet, wobei Menge und Temperatur der zugeführten Luft geregelt werden.

Die Großküchenhauben gibt es in verschiedenen Bauformen: als Profilhaube von der Decke herabhängend oder als Flächenhaube in Elementbauweise, die deckenbündig eingebaut ist.

Lüftungsdecken werden in Großküchen immer häufiger eingesetzt. Sie sorgen dafür, dass über dem gesamten Flächenbereich der Küche eine Absaugung stattfindet, die dann fast völlig zugfrei ist. Die Zuluftregelung und Beleuchtungselemente sind in die Decken integriert. Über Flächen mit besonders starker Dunstabscheidung werden Abluftgitter mit Fettfilter installiert, hier kann verstärkt abgesaugt werden. Wird die Küche umgebaut, ist die Verlegung dieser Abluftgitter möglich, da die ganze Decke im Baukastensystem zusammengesetzt ist.

Fettfilter müssen in allen motorbetriebenen Lüftungssystemen eingebaut sein. Fettdünste in der Abluft sind unangenehm und gefährlich. Geraten sie ungefiltert in Lüftungsanlagen, zersetzen sie sich und bilden leicht brennbare Gase, die durch Selbstentzündung eine Entlüftungsanlage in Brand setzen können. Auch Fettkrusten in den Geräten erhöhen die Brandgefahr, weiterhin sind Schmierfilme Nährböden für Bakterien. Eine regelmäßige Reinigung der Filter ist deswegen unbedingt erforderlich. Die Filter sollten so gestaltet sein, dass sie leicht abzumontieren und in üblichen Geschirrspülmaschinen zu reinigen sind.

Integrierte Lüftungsdecke mit Fettfilter

4.2.3 Klimaanlagen, Wärmerückgewinnung, Luftwechselzahl

Klimaanlagen werden im Wesentlichen im Speisesaal eingesetzt. Sie müssen für ausreichenden Luftaustausch bei nicht zu hoher Luftgeschwindigkeit sorgen, für die Erwärmung oder Abkühlung und unter Umständen auch für die Reinigung der zugeführten Luft sowie für die Regulierung der Luftfeuchtigkeit. Sind die Klimaanlagen nicht richtig berechnet oder eingestellt, kann Zugluft entstehen.

Wärmerückgewinnung bei Lüftungsanlagen kann zur Energieeinsparung und damit zur Kostenreduzierung beitragen. Die in der Abluft enthaltene Wärme wird dabei wieder nutzbar gemacht. Beim üblichen „rekuperativen Verfahren" kann weit mehr als die Hälfte der Abwärme zurückgewonnen werden. Warme Abluft und kalte Zuluft strömen völlig getrennt voneinander in Kreuz- oder Gegenstrom durch einen Plattenwärmetauscher, in dem die Wärmeübertragung von der Abluft auf die Zuluft erfolgt.

Die **Luftwechselzahl** ist für alle Lüftungsanlagen eine wichtige Größe. Sie gibt an, wie oft innerhalb einer Stunde die gesamte Luftmenge im Raum vollständig ausgetauscht wird. Die erforderliche Luftwechselzahl hängt vom Raumvolumen und der Raumnutzung ab (in Küchen z. B. von der Anzahl, der Größe und der Dampf- und Wärmeentwicklung der Gargeräte). Liegt die benötigte Luftwechselzahl in der Großküche unter 20, so steht die Größe der Küche in einem vernünftigen Verhältnis zu der Ausstattung mit Kocheinrichtungen, liegt sie höher, dann besteht Zugluftgefahr.

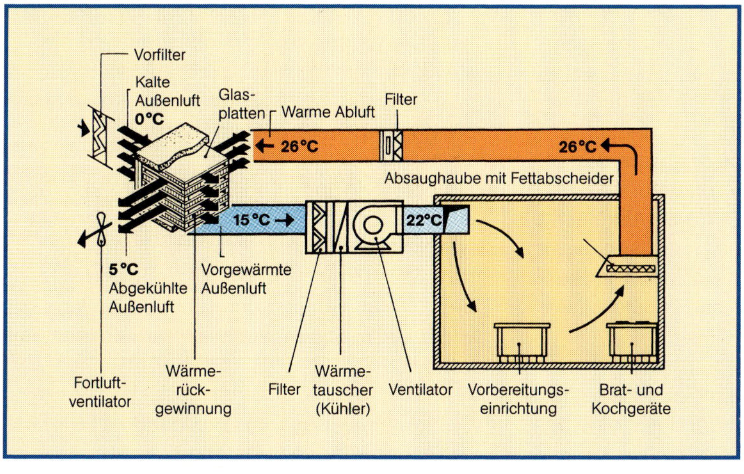

Schema einer Be- und Entlüftungsanlage in einer Küche mit rekuperativer Wärmerückgewinnung

Die Berechnung der Luftwechselzahl erfolgt nach der Formel

$$\frac{\text{Luftbedarf in } m^3}{\text{Rauminhalt in } m^3} = \textbf{Luftwechselzahl}$$

Die geforderte Zuluftmenge ist von Zahl und Größe der Kocheinrichtungen abhängig. Man rechnet an Zuluftbedarf (Kubikmeter je Stunde):

je m^2 Herdplatte:	Öl	3000 m^3/h	je Kochkessel:	100 l Inhalt	300 m^3/h
	Gasherd	1500 m^3/h		200 l Inhalt	600 m^3/h
	Elektroherd	1000 m^3/h		500 l Inhalt	1000 m^3/h
je Kippbrater:	60 × 80 cm	500 m^3/h		1000 l Inhalt	1500 m^3/h
Backöfen und Wärmeschränke sind durch Zuschlag zu berücksichtigen.					

Berechnungsbeispiel:
Eine Küche hat 10 m × 10 m Grundfläche und ist 3,5 m hoch. Für die Kocheinrichtungen wird an Zuluft gefordert:

	Zuluft je Stunde
für die ölbeheizte Herdplatte (1,3 m^2)	3900 m^3
für 2 150-l-Kessel	900 m^3
für 2 100-l-Kessel	600 m^3
für 280-l-Kessel	480 m^3
für 1 280-l-Kessel	750 m^3
für 2 Kippbrater	1000 m^3
für 2 Backöfen und Wärmeschrank	1000 m^3
insgesamt:	8630 m^3

Insgesamt sind 8630 m^3 Zuluft gefordert. Teilt man diese Zahl durch 350 m^3 (Rauminhalt der Küche), so ergibt sich eine Luftwechselzahl von 25. Diese Zahl liegt zu hoch bzw. der Küchenraum ist für die geplanten Kocheinrichtungen zu klein.

Zulässig wäre bei der Luftwechselzahl 20 höchstens ein Zuluftbedarf von 7000 m^3/h. Würde man aber statt des Ölherdes einen Gasherd wählen, der nur halb so viel Zuluft erfordert, wäre die Küchengröße gerade ausreichend.

4.2.4 Problematik der Schwitzwasserbildung

Im Rahmen der Küchenlüftung ist dem Problem der Schwitzwasserbildung besondere Aufmerksamkeit zu widmen. Sie ist abhängig vom *Taupunkt der Luft*; das ist die Temperatur, bei der Luft mit Wasserdampf gesättigt ist. Je mehr sich die Luft abkühlt, desto weniger Wasser vermag sie dampfförmig zu halten. Sinkt die Temperatur feuchter Luft unter den Taupunkt, z. B. durch Abkühlung an kalten Fenstern oder Wänden, so verflüssigt sich der Wasserdampf und es entsteht Kondens- oder Schwitzwasser. – Wesentliche Punkte zur Bekämpfung von Schwitzwasser sind:

- Für warme Zuluft sorgen: Luft aus beheizten Nebenräumen heranführen oder durch eine beheizte Öffnung ansaugen.
- Für warme Wände, Decken und Fußböden sorgen: Die Wände sollen mindestens anderthalbsteinig (36 cm) oder entsprechend wärmeisoliert sein. Günstig ist es, wenn in den Kochpausen die Küche beheizt werden kann.
- Für poröse Wände und Decken sorgen: Wände dürfen nur im Sockel gekachelt oder abwaschbar gestrichen sein, denn nur der poröse Putz nimmt Feuchtigkeit auf und gibt sie bei Lüftung während der Kochpausen langsam wieder ab (darum auch in den Kochpausen lüften!).
- Geräte mit starker Wrasenbildung nicht an kalten Außenwänden aufstellen.

Zur Beobachtung der relativen Luftfeuchtigkeit können **Feuchte-Indikatoren** aufgehängt werden (Abb. s. S. 97). Als *relative Feuchtigkeit* (in %) bezeichnet man das Verhältnis zwischen dem im Raum vorliegenden Feuchtigkeitsgehalt der Luft und dem bei dieser Temperatur möglichen Sättigungswert.

4.3 Belichtung und Beleuchtung

4.3.1 Belichtung durch Fenster

Gute Belichtung aller Arbeitsplätze ist die Voraussetzung für einen reibungslosen Arbeitsablauf und eine gute Arbeitsleistung.

Tageslicht als natürliche Lichtquelle wird meist durch seitliche Fenster eingelassen. Räume mit mehr als 8 m Tiefe brauchen Fenster auf zwei Seiten. Statt seitlicher Fenster können aber auch verglaste Decken eingebaut werden. Solches „Licht von oben“ hat den Vorteil geringer Schattenwirkung; aber die verglaste Decke ist weniger lichtdurchlässig als ein normales Fenster und die Glasfläche muss darum entsprechend größer gewählt werden. Außerdem müssen Glasdecken im Winter beheizbar und im Sommer abzudunkeln sein.

Die Fensterfläche muss in richtigem Verhältnis zur Fußbodenfläche stehen:

Mindestgröße:
Fensterfläche 1/8 der Fußbodenfläche
Gute Belichtung:
Fensterfläche 1/4 der Fußbodenfläche

Die Fensterfläche muss größer sein,

- wenn dunkle Wände oder Einrichtungsgegenstände Licht „schlucken“, d. h. absorbieren (helle Flächen werfen das Licht in den Raum zurück, sie reflektieren),
- wenn der Lichteinfall behindert ist: Milchglas- oder Ornamentglasscheiben, Bäume oder Buschwerk vor den Fenstern, hohe Nachbargebäude mit nur geringem Abstand.

4.3.2 Künstliche Beleuchtung

Beleuchtung einer Großküche

Lampenlicht als künstliche Lichtquelle beleuchtet direkt oder indirekt.

Direkte Beleuchtung ist auf einen Platz gerichtet und erhellt diesen:

Arbeitsplatzbeleuchtung
Für Küchen ungeeignet, denn das Auge ermüdet, wenn es sich beim Umherblicken auf verschiedene Helligkeitsgrade einstellen muss.

Indirekte Beleuchtung ist in den Raum gerichtet und erhellt ihn gleichmäßig:

Allgemeinbeleuchtung
Für Küchen geeignet, weil an allen Arbeitsplätzen gute Sehverhältnisse herrschen, wenn der gesamte Raum gut ausgeleuchtet ist.

Werden für die Allgemeinbeleuchtung die Lampen über den Arbeitsplätzen installiert, so ergibt sich daraus eine **arbeitsplatzorientierte Allgemeinbeleuchtung**.

Für große Küchen ist die arbeitsplatzorientierte Allgemeinbeleuchtung am besten geeignet: Der gesamte Raum wird erhellt, wobei an den Arbeitsplätzen (unter den Lampen) die besten Sehverhältnisse herrschen. In einem großen Raum kann die Beleuchtung in ihrer Helligkeit den verschiedenen Bedürfnissen angepasst werden.

Der Raum wird gleichmäßig erhellt und starke Schattenwirkung wird vermieden, wenn statt einer einzigen starken Lichtquelle mehrere Leuchten verteilt angeordnet werden. Die Verteilung der Leuchten im Raum mindert auch die Reflexblendung, die an glänzenden Flächen, z. B. an Kunststofftischplatten oder an Wandkacheln, auftreten kann.

Die Beleuchtungsstärke, gemessen in Lux (lx), wird für Küchen mit 500 lx, für Nebenräume mit 120 lx angegeben. Bei Verwendung üblicher Leuchtstofflampen und 3,5 m Raumhöhe sind für 100 lx etwa 6 W Lampenleistung je m^2 erforderlich. Durch Verschmutzung und durch Alterung der Lampen und der Raumausstattung (Decken, Wände, Einrichtung) sinkt die Beleuchtungsstärke ab; in regelmäßigen Zeitabständen sind die Leuchten zu reinigen (Röhren gegebenenfalls auswechseln) und die Wände sind neu zu streichen.

4.4 Energieversorgung

4.4.1 Energiearten und ihre Wirtschaftlichkeit

Energie für die Großküche liefern Kohle, Heizöl, gasförmige Brennstoffe oder elektrischer Strom. Nach Art der Heizung wird unterschieden zwischen *Direktbeheizung* der einzelnen Kocheinrichtungen und *zentraler Heizung*, die mittels Niederdruckdampf als Wärmeträger die einzelnen Kochstellen beheizt und außerdem für Warmwasser und die Raumheizung sorgt.

	zu empfehlen	bedingt / nicht zu empfehlen
Direktbeheizung der Herde, Kochkessel, Bratgeräte	Niederdruckdampf, Gas, Strom	Heizöl, Kohle (feste Brennstoffe)
Erzeugung von Niederdruckdampf, zentrale Warmwasserbereitung, zentrale Heizung	Gas, Heizöl, Kohle (feste Brennstoffe)	Strom

Gasförmige Brennstoffe sind neben elektrischer Energie für *Direktbeheizung* am besten geeignet: Die Betriebskosten sind für Großverbraucher günstig (niedriger als bei Elektroheizung) und Gasheizung ist leicht zu regulieren; sie erlaubt rasches Anheizen, hat kurze Ankochzeiten und keine Nachwärme. Bei der Installation ist zu bedenken: Eine Gasheizung braucht einen Kaminanschluss und Gaszuleitungsrohre zu allen Brennstellen; die Brennstelle ist daher ortsgebunden.

Brenner und Leitungen müssen der örtlichen Gasversorgung angepasst sein: **Erdgas** (Heizwert um 10 kWh/m^3) braucht andere Brennerdüsen als **Stadtgas** und **Ferngas** (Heizwert um 5 kWh/m^3). Stadtgas und Ferngas sind im Allgemeinen Kokereigase. An Orten ohne Gaszuleitung eignet sich für Großküchen auch **Flüssiggas** (Flaschengas aus Propan und Butan).

Bei günstigen örtlichen Preisen kann Gas auch für zentrale Heizungsanlagen und zur Erzeugung von Niederdruckdampf verwendet werden.

Niederdruckdampf (Überdruck etwa 1 bar, Temperatur etwa 120 °C) wird in einer zentralen Heizanlage erzeugt und ist zur Beheizung von Kochkesseln und ortsgebundenen Wärmegeräten (Warmanrichte, Bain-Marie) sehr gut geeignet, denn die Niederdruckdampfheizung erfordert nur geringen Bedienungsaufwand und sie hat die *kürzesten Ankochzeiten*. Aber sie ist *ungeeignet zum Braten und Backen*, denn die Dampftemperatur von 120 °C reicht zum Bräunen nicht aus. Eine Niederdruckdampfheizung ist auch nur in Großbetrieben rentabel (ab 500 Essen), denn die Installation der Dampfleitungen und der Rückleitungen für das Kondenswasser verursacht hohe Kosten.

Für **Kohle** sind große Lagerräume erforderlich (dreimal so groß wie für Heizöl). Kohlenheizung verlangt stetige Bedienung, sie ist mit Schmutz verbunden und schwerfällig in der Regelung; langsames Aufheizen, lange Ankochzeiten und lang anhaltende Nachwärme sind weitere Nachteile. Deswegen ist Kohle für die Direktbeheizung nicht zu empfehlen und kaum mehr üblich. Nur für die zentrale Heizanlage zur Erzeugung von Niederdruckdampf und Warmwasser kommt Kohle noch infrage.

Heizölfeuerungsanlagen sind leicht regulierbar und erfordern praktisch keinen Bedienungsaufwand. Sie sind sehr gut geeignet für *zentrale Heizanlagen* zur Erzeugung von Niederdruckdampf und Warmwasser, aber für die Direktbeheizung von Herden und Kochkesseln kaum zu empfehlen: Ölgebläsebrenner arbeiten geräuschvoll und Ölverdampfungsbrenner verbreiten bei unsachgemäßer Bedienung Öldunst.

Elektrischer Strom ist sauber und bequem. Er braucht weder Lagerraum noch Kaminanschluss. Elektroleitungen sind billig und leicht zu verlegen. Die Heizgeräte können bewegt werden. *Fahrbare Koch- und Wärmegeräte* brauchen Elektroheizung. Sie ist für Kochkessel weniger geeignet, denn sie benötigt verglichen mit Dampfbeheizung längere Ankochzeiten.

Um die wirtschaftlichste Form der Energieversorgung für einen Betrieb zu finden, muss man die oben genannten Vor- und Nachteile der einzelnen Beheizungsarten gegeneinander abwägen und folgende Punkte beachten:

- *Örtliche Gegebenheiten*: Ist Stadt- oder Erdgas verfügbar? Welche Tarife gelten für Gas und Strom?
- *Bauliche Voraussetzungen*: Größe der Küche (Kap. 4.2.3 Luftwechselzahl), Lage der Abgas-Kamine in vorhandenen Gebäuden, notwendige Investitionen
- *Betriebliche Bedürfnisse*: Voll- oder Teilverpflegung, warme Zwischenmahlzeiten, eine oder zwei Hauptmahlzeiten, Stoßzeiten durch Schichtessen oder Essen nach der Karte (Schnellgerichte)
- *Ankochzeiten*: Bei kurzer Ankochzeit bleiben Vitamine, Nährwerte und Geschmackswerte des Kochgutes am besten erhalten. Die Kochgeräte können unter Umständen (Schichtessen) mehrfach genutzt werden. Mit Niederdruckdampf-

Ankochzeiten für Kessel verschiedener Größe und Beheizungsart

Art der Heizung Kesselinhalt:	100 l	200 l	400 l
Kohle	55 min	65 min	85 min
Gas	47 min	52 min	65 min
Elektrizität	65 min	85 min	110 min
Niederdruckdampf	30 min	40 min	50 min

heizung werden im Kochkessel die niedrigsten Abkochzeiten erzielt.

- *Ausweichmöglichkeiten in der Energieversorgung*: Eine Großküche sollte sich nach Möglichkeit nicht auf eine einzige Beheizungsart stützen, damit sie bei Versorgungsschwierigkeiten immer leicht ausweichen kann.

Beispiel:
Werden Herde und Kippbrater mit Gas beheizt, die Kochkessel mit Niederdruckdampf, die Backöfen und Hockerkocher mit Elektrizität, so kann man auf Gas ausweichen, wenn der Strom ausfällt oder die Niederdruckdampfheizung gestört ist. Entsprechend kann man sich bei einem Gasausfall leicht behelfen.

4.4.2 Energiesparen in Großküchen

Die Energiekosten in einer Großküche sind erheblich. Energiesparende Maßnahmen bzw. Maßnahmen zur Energierückgewinnung werden damit besonders wichtig und sind auch aus ökologischen Gründen anzustreben.

Zum Einsparen von Energie kann beitragen

- die **bauliche Gestaltung** einer Großküche mit guter Wandisolierung, zweckmäßiger Anordnung der Kochgeräte und geeignete Raumlüftung,
- die **Wahl eines energiesparenden Verpflegungssystems**,
- der **Einsatz energiesparender Geräte** (z. B. Heißluftgeräte, Druckgeräte, Niedertemperaturverfahren, Induktionskochflächen, Kochflächen mit Topferkennung u. a.). Zusätzlich wird Energie eingespart, wenn die Geräte mit Zeitschaltung, Thermostaten und automatischer Temperaturregelung ausgestattet sind,
- die Verwendung von **geeigneten Töpfen** mit planebenem Boden und gut passenden Deckeln,
- eine geeignete **Arbeitsorganisation und Arbeitstechnik**: Geräte nicht vorheizen, Speisen in die noch kalten Geräte einsetzen, die Geräte voll beschicken, Kessel mit Deckel verschließen, Warmhalten vermeiden, Herdkochplatten und Fritteusen erst unmittelbar vor der Benutzung einschalten,
- der **gezielte Einsatz von Warmwasser**, z. B. durch geregelte Warmwasserauslauftemperatur und Spararmaturen,
- die **regelmäßige Kontrolle von Kühl- und Tiefkühlgeräten**,
- der **Abschluss optimaler Energielieferverträge** für Strom,
- die **Einführung eines Energiekontrollsystems**, mit dessen Hilfe z. B. Spitzenlasten optimiert werden können,
- der **Einsatz von Wärmetauschern oder Wärmepumpen**, die aus der, aus dem Wrasen und dem Wasser der Spülmaschine oder aus der Abwärme von Kühlanlagen Wärme rückgewinnen und sie für die Warmwasserbereitung oder für die Raumheizung verfügbar machen,
- **Wärmerückgewinnung** bei Lüftungsanlagen (s. Kap. 4.2.3) und bei Spülmaschinen (s. Kap. 9.3.2).

4.5 Warmwasserversorgung

Das Warmwasser in Großküchen muss **Trinkwasserqualität** besitzen, da meistens keine völlig voneinander getrennten Versorgungsnetze von Trinkwasser und Brauchwasser vorliegen. Warmwasser wird in der Großküche benötigt für die Speisen- und Getränkeherstellung, für Spül- und Reinigungsarbeiten und für die Körperpflege (Handwaschbecken, Duschen).

Der höchste Wasserbedarf entsteht für Spül- und Reinigungsarbeiten (Geschirrspülmaschine). Der Mindestbedarf pro ausgegebenes Essen sinkt mit wachsender Betriebsgröße. Folgende Werte werden als Mindestbedarf angegeben (nach Sommermeyer/Bickel):

Zahl der versorgten Personen	50	100	150	200	300	400	500	700	1000
Warmwasser pro ausgegebenes Essen in l	6,0	5,0	4,2	3,7	3,0	2,6	2,4	2,2	2,0

Für den hohen Warmwasserbedarf in Großküchen wird meist eine **zentrale Warmwasserversorgung** aus großen Speichern oder Zentralheizanlagen gewählt. Dies führt durch die langen Leitungswege zwar zu Energieverlusten, bietet aber die Möglichkeit einer weitgehend unbegrenzten Warmwasserentnahme. In kleineren Einrichtungen sind Warmwasserspeicher, Durchlauferhitzer und Kochendwassergeräte einsetzbar.

Warmwasserleitungen sind in erhöhtem Maß korrosionsgefährdet. Das Wasser für die Warmwasserversorgung kann über eine *Phosphatschleuse* geleitet werden. Es bildet sich dann auf den Innenwänden der Leitungsrohre ein Phosphatschutzfilm, der korrosionshemmend wirkt. Es wird damit aber *keine Enthärtung* erzielt.

Eine Wasserenthärtung kann entweder zentral oder durch Ionenaustauscher an den einzelnen Geräten (Geschirrspülmaschine) vorgenommen werden (siehe auch Kap. 9.3.1).

Achtung: Gefahr! Warmwasserleitungen droht bakterielle Verseuchung durch Legionellen (Verursacher der gefürchteten Legionärskrankheit). Wird das Heißwasser über 60 °C erhitzt, sterben die Legionellen ab.

4.6 Kühl- und Tiefkühleinrichtungen

4.6.1 Berechnung des Lagerraumbedarfes

Der Raumbedarf in Kühlanlagen ist abhängig von

- der Versorgungslage: täglicher, wöchentlicher oder monatlicher Nachschub,
- zusätzlichen Lagermöglichkeiten in kühlen Kellerräumen,
- der Art der Dauervorräte: Konserven oder Tiefkühlware,
- dem Verpflegungssystem: mit Frischkost (thermisch nicht entkoppelt) oder aus tiefgekühlten oder sterilisierten Komponenten aufbereitete Kost (thermisch entkoppelte Kost – Näheres unter Kap. 5.2).

Bei der Zubereitung von Frischkost unter teilweiser Verwendung von Tiefkühlware werden je Verpflegungsperson und Lagertag etwa 1 Liter Lagerraum für Kühlware und 0,1 Liter Lagerraum für Tiefkühlware benötigt. Das bedeutet: Bei einer durchschnittlichen Lagerzeit von drei Tagen für Kühlware und 20 Tagen für Tiefkühlware sind je Person 3 Liter Lagerraum für Kühlware und 2 Liter Lagerraum für Tiefkühlware erforderlich.

Werden bei thermisch entkoppelter Kost ausschließlich tiefgekühlte Fertiggerichte gelagert, so sind je Essensportion 3 l, d. h. für 100 Portionen 300 l Tiefkühlraum nötig.

Ab 500 Personen sind Kühlräume erforderlich: zwei Räume für Kühlware und ein Raum für Tiefkühlware. Je Quadratmeter können 200 kg Kühlware oder 500 kg Tiefkühlware gelagert werden.

Bei dieser Berechnung wurde der *Lagerraum für Kartoffeln, Konserven und Getränke* nicht berücksichtigt; er muss zusätzlich geplant werden.

4.6.2 Kühl- und Tiefkühlgeräte

Die verschiedenen Kühleinrichtungen unterscheiden sich in ihrer Größe und in ihrer Bauform

Kühl- und Tiefkühlboxen haben ein Fassungsvermögen von 70 Litern und mehr.

Kühlschrankanlagen werden aus mehreren Kühlfächern mit einem Fassungsvermögen von je 250 bis 300 Litern zusammengefügt und häufig mit Schnellgefrierzellen kombiniert.

Kühlschränke und Tiefkühlschränke für die gewerbliche Nutzung gibt es bis zu einem Volumen von 800 Litern. Häufig sind sie in unabhängig voneinander zu öffnende Fächer aufgeteilt. Kühlschränke können als Einfahr- oder Durchfahrgeräte gebaut sein, in die die Lebensmittel in Tablett- oder Hordenwagen ein- und ausgefahren werden, ohne dass sie umgelagert werden müssten.

Tiefkühltruhen sind im Energieverbrauch meistens günstiger als Tiefkühlschränke, erfordern aber bei ihrer Beschickung und Entladung relativ aufwendige Such- und Ladearbeit.

Kühl- und Tiefkühlzellen sind begehbare fertige Einheiten, die in bereits vorhandene Räume eingebaut werden können. Im Baukastensystem können auch größere Einheiten zusammengestellt werden.

Bei der Beschaffung und der Aufstellung von Kühl- und Tiefkühlgeräten ist zu beachten, dass **für die Tagesvorräte in jeder Küche eine Kühleinrichtung** nötig ist, denn

- der Weg zur Kühleinrichtung innerhalb der Küche ist kürzer als der Weg zum abseits gelegenen Kühlraum.
- dem Küchenpersonal wird der gesundheitsschädliche Wechsel von feuchtheißer Küchenluft zur Kühlraumatmosphäre erspart.
- die größeren Kühleinrichtungen brauchen nicht so oft geöffnet zu werden, Energieverluste werden damit eingeschränkt.

Auch an den Ausgabestellen in Kantinen ist ein Kühlfach für kalte Beilagen, Getränke, Süßspeisen, Kuchen und Torten nötig.

Kühl- und Tiefkühleinrichtungen sollten grundsätzlich mehrere verschiedene Fächer oder Lagereinheiten umfassen, damit die unterschiedlichen Lebensmittel getrennt gelagert werden können.

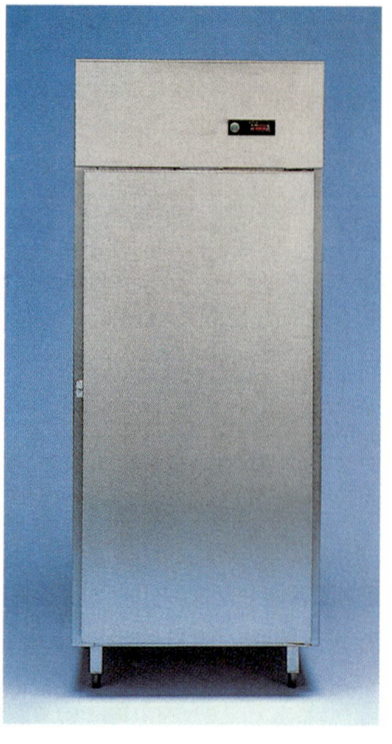

4.6.3 Kühl- und Tiefkühlräume, Kältemaschinen

Kühlräume und Tiefkühlräume sind in der Anlage teuer; ihre Einrichtung lohnt sich daher nur für sehr große Küchenbetriebe (ab 500 Essen). Die Wirtschaftlichkeit einer solchen Anlage wird wesentlich beeinflusst von der Lage dieser Räume. Eine günstige Gruppierung (mit den günstigsten Breitenmaßen für Räume und Türen) zeigt die folgende Abbildung:

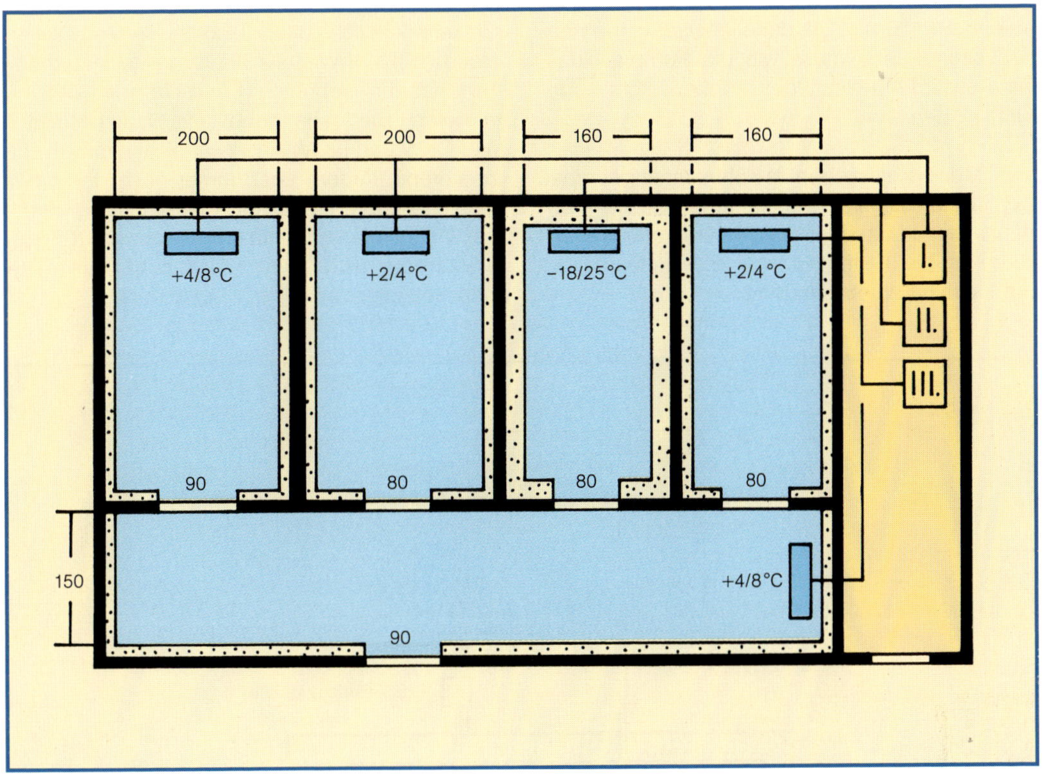

Kühlräume
Die Isolierung in den Kühlräumen ist 12 cm dick, im Tiefkühlraum 20 cm. Der Fleischraum braucht an einer Seite eine 24 cm starke Mauer für die Fleischhaken; er bekommt außerdem eine 3 cm starke Verfliesung. Der Getränkeraum bleibt ohne Fliesen, bekommt aber Bohlenschutz in 6 cm Dicke. Der Tiefkühlraum braucht einen beheizten Türrahmen, damit die Tür nicht einfriert.

Der Tiefkühlraum liegt zwischen den Kühlräumen für Milchprodukte und Fleischwaren. Alle Türen der Kühlräume münden in den mäßig kühlen Vorraum (mit Regalen für Konserven), der als Temperaturschleuse wirkt. Für einen kühlen und einen mäßig kühlen Raum (Milchraum und Getränkeraum, Fleischraum und Konservenraum) genügt eine gemeinsame Kältemaschine, sodass für die fünf Kühlräume nur drei Kältemaschinen benötigt werden.

Alle **Kältemaschinen** für Kühlräume, Gefrieranlagen und große Kühlschränke arbeiten nach dem Verfahren der **Kompressionskühlung**.
Beim Verfahren der Kompressionskühlung wird durch Verdampfen eines flüssigen Kältemittels dem Geräteinnenraum Wärme entzogen und an die Geräteumgebung abgegeben.

Kompressionskühlung

Im Verdampfer wird ein flüssiges Kältemittel bei niedrigem Druck gasförmig. Die zur Verdampfung benötigte Wärme wird dem Kühlraum entzogen. Der Kompressor (mit Motorantrieb) saugt den Kältemitteldampf ab und setzt ihn unter hohen Druck, wobei er sich zwangsläufig erwärmt. Im Kondensator gibt das Kältemittel die Kompressionswärme ab und wird flüssig. Die dabei frei werdende Kondensationswärme muss wie die Kompressionswärme durch Kühlung des Kondensators abgeführt werden.

Der Verdampfer ist oben im Kühlraum angeordnet. Der Kompressor mit Motorantrieb und der Kondensator mit Luft- oder Wasserkühlung bilden zusammen die Kältemaschine, die getrennt vom Kühlraum untergebracht wird.

Bei kleinen Kühlanlagen kühlt sich der Kondensator durch die umgebende Raumluft ab. In großen Kühlanlagen muss aktiv mit Luft und Ventilatoren oder mit Wasser gekühlt werden. Die Kondensatorkühlung sollte nach Möglichkeit zur Vorwärmung des in der Küche benötigten Warmwassers herangezogen werden.

Als Kältemittel dienten bis 1995 in Haushalts- und Gewerbekühlschränken Fluorchlorkohlenwasserstoffe (FCKW). Weil sie die Ozonschicht schädigen, ist ihr Gebrauch inzwischen in der EU verboten. Die dann genutzten Ersatzkältemittel (H-FCKW und FKW) sind zwar nicht ozonschichtzerstörend, fördern aber immer noch den Treibhauseffekt. Ihre Produktion wird langfristig verboten. Natürliche Kältemittel, wie Isobutan (R600a) oder Propan (R290), sind deshalb als Kältemittel zu bevorzugen.

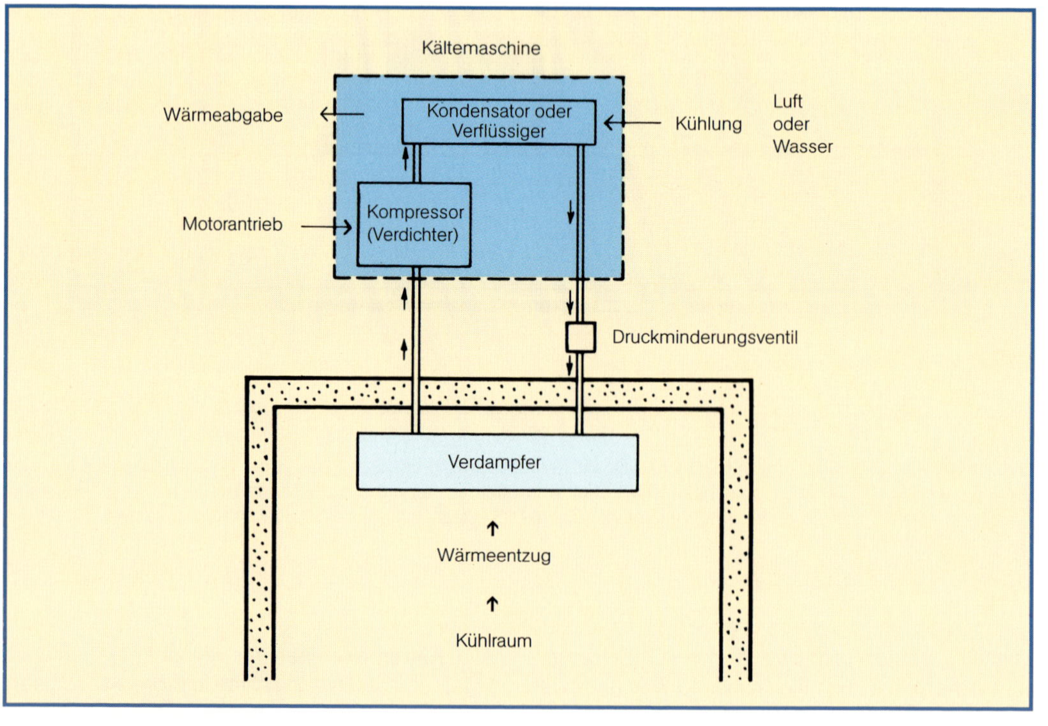

Kompressionskühlung (schematische Darstellung)

5 Verpflegungssysteme

5.1 Ziel und Formen der Gemeinschaftsverpflegung

Oberstes Ziel der Gemeinschaftsverpflegung ist es, die entsprechende Zielgruppe ernährungsphysiologisch ausgewogen und wirtschaftlich angemessen zu verpflegen.

Darüber hinaus werden weitere Ziele verfolgt, die auch miteinander konkurrieren können, wie z. B. betriebswirtschaftliche Ziele (geringe Material-, Personal-, Gemeinkosten, sparsamer Kapitaleinsatz, Auslastung der Kapazitäten) und soziale Ziele (niedrige Essenspreise, Zufriedenheit der Gäste).

5.1.1 Betriebswirtschaftliche Formen

Gemeinschaftsverpflegung wird in unterschiedlichen Einrichtungen durchgeführt. Nach der betriebswirtschaftlichen Form wird sie eingeteilt in:

a) betriebliche Verpflegung (Personalrestaurant, Kantine, Kasino) mit meistens nur einer Mahlzeit am Tag).

b) institutionelle Verpflegung (Krankenhäuser, Sanatorien, Heime, Anstalten) mit der Versorgung während des ganzen Tages.

c) kommerzielle Verpflegung (Restaurants, Gaststätten, Snacks, Imbiss).

5.1.2 Organisatorische Formen

Für die organisatorische Form der Gemeinschaftsverpflegung ist es bedeutsam, wo und in wessen Verantwortung produziert wird. Nach der organisatorischen Abwicklung können folgende Formen unterschieden werden:

a) Speisenherstellung und Speisenausgabe werden in eigener Verantwortung durchgeführt.

b) Herstellung und Ausgabe der Speisen erfolgt im eigenen Gebäudebereich durch einen externen Vertragspartner (Catering, s. Kap. 1.2).

c) Die Speisen werden extern hergestellt, eingekauft (Fremdbezug) und intern ausgegeben.

5.1.3 Herstellungssysteme

Zu dem System der Verpflegung gehören: die Herstellung, das Angebot und die Ausgabe der Speisen sowie die organisatorische Abwicklung. In allen diesen Systemteilen sind verschiedene Formen möglich. Eine erste Unterscheidung der Verpflegungssysteme wird getroffen in thermisch entkoppelte und thermisch nicht entkoppelte Kost. Thermisch entkoppelt heißt hitzetechnisch getrennt: Bei der vorbereitenden Konservierung erfolgt eine Temperaturerhöhung (Sterilisieren, Pasteurisieren) oder eine Temperatursenkung (Kühlen, Tiefkühlen), später wird bei der Aufbereitung erneut Wärme zugeführt.

Als **thermisch nicht entkoppelte Kost** wird die Warm- bzw. Frischkost mit konventioneller Zubereitung bezeichnet, bei der die Ausgabe entweder örtlich und zeitlich direkt angeschlossen ist oder bei der die Herstellung und die Ausgabe zeitlich oder örtlich getrennt sind und die Speisen auf Verzehrtemperatur gehalten werden müssen.

Thermisch entkoppelte Kost umfasst die Versorgung mit Tiefkühlfertiggerichten, die Kühlkost, bei der die Speisen bzw. Speisenkomponenten entweder pasteurisiert und vakuumverpackt oder nicht luftdicht verpackt sind, sowie die Versorgung mit hitzesterilisierten Vollkonserven.

Mischsysteme von beiden Formen sind häufig bzw. im strengen Sinne sogar üblich, denn in kaum einer Großküche wird ganz ohne vorgefertigte Lebensmittel gearbeitet (z. B. Gemüsekonserven, teilweiser Einsatz von Tiefkühlprodukten usw.).

5.2 Frischkost und/oder aufbereitete Kost

5.2.1 Frischkost (thermisch nicht entkoppelte Kost)

Die Herstellung von Frischkost in Eigenfertigung ist nur möglich, wenn eine gut ausgerüstete **Vollküche oder Produktionsküche** vorhanden ist. Das heißt:

- genügend Platz zur Vorbereitung und Zubereitung der Speisen,
- gute Ausrüstung mit Geräten zum Waschen, Putzen, Schneiden, Kochen, Braten,
- ausreichend Personal und geschultes Personal,
- günstige Lage zum Markt, damit die Anlieferung frischer Rohware gesichert ist.

Unter günstigen Voraussetzungen sollte immer die **Eigenfertigung von Frischkost** angestrebt werden, denn sie hat bedeutende **Vorzüge**:

- keine Nährwertverluste durch Konservierung oder Lagerung,
- Abwechslung in der Zusammenstellung des Küchenzettels,
- Variationsmöglichkeiten bei der Zubereitung und beim Abschmecken der Speisen,
- Berücksichtigung besonderer Bedürfnisse oder Wünsche der Essensteilnehmer: Bevorzugung beliebter Gerichte oder Geschmacksrichtungen.

5.2.2 Aufbereitete Kost (thermisch entkoppelte Kost)

Durch die Verwendung von Fertiggerichten werden einige Kücheneinrichtungen überflüssig, jedoch ist mehr Lagerraum mit Kühlung bzw. Tiefkühlung erforderlich. Die Materialkosten sind im Vergleich zur Frischkost höher, aber der Personalaufwand ist geringer und es kann auch mit anzulernendem Personal gearbeitet werden.

Tiefkühlkost (TKK) wird meistens in industriell arbeitenden Großküchen hergestellt und an die verbrauchende Einrichtung verkauft. Seltener wird TKK auch an arbeitsarmen Tagen für den Einsatz an Wochenenden in der eigenen Hauptküche gefertigt. Entweder werden die Menükomponenten der TKK in Großportionen verpackt oder es werden fertige Menüs geliefert. Die verbrauchende Einrichtung kann sich die TKK täglich liefern lassen oder eine eigene Tiefkühllagerhaltung organisieren. Die Aufbereitung der TKK geschieht entweder in Konvektomaten, im Wasserbad, im Mikrowellengerät oder im Wärme- und Ausgabewagen. Die Ausgabe der Menüs kann über Thermophoren (bei Großpackungen), über das Austeilen am Band oder die dezentrale Ausgabe durch Stationsküchen erfolgen.

TKK kann ernährungsphysiologisch sehr wertvoll sein[1], wenn sie sachgerecht hergestellt, gelagert

[1] Vorteile: 1. Beste Nährwerterhaltung, weil die Rohware rasch und schonend verarbeitet wird (Erhaltung von Vitamin C!). – 2. Bessere Ausnutzung von Eisen und B-Vitaminen, weil diese beim Tiefgefrieren aus ihrer Eiweißbindung freigesetzt werden. – 3. Bessere Bekömmlichkeit, weil enzymatische Prozesse und Eiweißdenaturierung die Natur „aufschließen“. – 4. Arbeitsersparnis, weil die Speisen vorgefertigt sind. – 5. Erleichterung in der Zusammenstellung von Diätkost.

und aufbereitet wurde. Die industrielle Herstellung macht eine genaue Angabe der Nährwerte möglich.

Kühlkost (nicht luftdicht verpackt) wird meistens in industriell arbeitenden Großküchen zeitlich und örtlich unabhängig von der Speisenausgabe hergestellt. Die gegarten Speisen werden in Gastro-Norm-Bleche abgefüllt und in kürzester Zeit (820 bis max. 90 Minuten) und unter hygienischen Bedingungen direkt aus dem Gargerät auf +3 °C abgekühlt. Dieses Verfahren wird **cook and chill** genannt (Kochen und Schnellabkühlen). Die schnelle Schockkühlung ist wichtig, um den kritischen Temperaturbereich zwischen +65 °C und +20 °C schnell zu überbrücken (siehe auch Kap. 7). Die gekühlten Speisen behalten dadurch ihre Eigenfeuchtigkeit, einen hohen Vitamin-C-Anteil, eine optimale Konsistenz und ihre frischen Farben. Die Kühlung ist bis zu drei Tagen bei +3 °C ohne Qualitätsverlust möglich. Die gekühlten Gerichte können an verschiedene Einrichtungen zur Speisenausgabe geliefert werden. Transport und Portionierung der Gerichte erfolgen gekühlt und die warmen Speisenkomponenten werden direkt vor der Speisenausgabe regeneriert. Bei genauer Einhaltung der Abkühlzeiten und der Kühltemperatur ist der Genuss- und Nährwertgehalt der Kühlkost kaum verändert.

Pasteurisierte Kühlkost wird konventionell hergestellt und dann in Großportionen oder Einzelportionen vakuumverpackt (Folienbeutel). Nach der Verpackung wird pasteurisiert (Erhitzen auf 80 °C Kerntemperatur mindestens 15 Minuten lang) und innerhalb von drei Stunden auf 4 °C abgekühlt. Die pasteurisierten Menükomponenten sind bei maximal 4 °C bis zu drei Wochen lagerbar. Zur Aufbereitung können wie bei der Kühlkost die geschlossenen Beutel erwärmt werden, oder sie werden zuerst geöffnet und dann wird der Inhalt erwärmt.

Nicht alle Nahrungsmittel eignen sich für diese Bearbeitung, das Angebot muss damit eingeschränkt bleiben. Verluste von Wirkstoffen durch die mehrfache Erhitzung müssen einkalkuliert werden.

Sterilisierte Kost entspricht dem Inhalt von **Konserven**. Zu unterscheiden sind hier zum einen hohe Konservendosen, die vor der Zubereitung oder Ausgabe entleert werden, und zum anderen flache Menüschalen aus Metallfolie, die verschlossen erhitzt werden. Letztere werden als TSK-Menü angeboten: **T**hermisch **S**tabilisierte **K**ost. Vorteil der TSK-Menüschalen: Sie haben Gastro-Norm-Maß (s. Kap. 6.2.2), sodass die Kochschrankfächer rationell ausgenutzt werden können. Wenn nicht alle Menüs abgegeben werden können, so kann die bereits erwärmte, aber noch dicht verschlossene Menüschale wieder abgekühlt und bis zur Wiederverwendung aufbewahrt werden.

Bei Verwendung von TSK-Menüs und anderen Menüteilen, wie Dosengemüse, Trockenprodukten oder kochfertiger Frischware (z. B. geschälten Kartoffeln), ist es möglich, dass nur zwei Personen mit je fünf Arbeitsstunden etwa 150 Menüs herstellen und ausgeben (einschließlich Küchenreinigung, Vorplanung und Warenannahme).

Übersicht über die Kostformen

	Frischkost	thermisch entkoppelte Kost			
		Kühlkost	**Kühlkost, pasteurisiert**	**Tiefkühlkost**	**sterilisierte Kost**
Zubereitung Konservierung Lagerung Aufbereitung Ausgabe		kühlen	pasteurisieren	tiefkühlen	sterilisieren

5.3 Gestaltung der Küche in Abhängigkeit vom Verpflegungssystem

Nach dem Verpflegungssystem werden unterschieden:

- die konventionelle Küche,
- die Mischküche,
- die Aufbereitungsküche.

5.3.1 Konventionelle Küche

Eine konventionelle Küche (auch als Zentralküche oder Produktionsküche bezeichnet) muss für *alle Funktionsbereiche* von der Lagerung bis zur Essensausgabe ausgestattet sein. In ihr wird Frischkost hergestellt, die entweder sofort, anschließend oder mit einer zwischengeschalteten Konservierung und Lagerung ausgegeben wird. Der Raumbedarf für eine konventionelle Küche ist groß, die Investitionskosten sind hoch und das Personal muss qualifiziert sein.

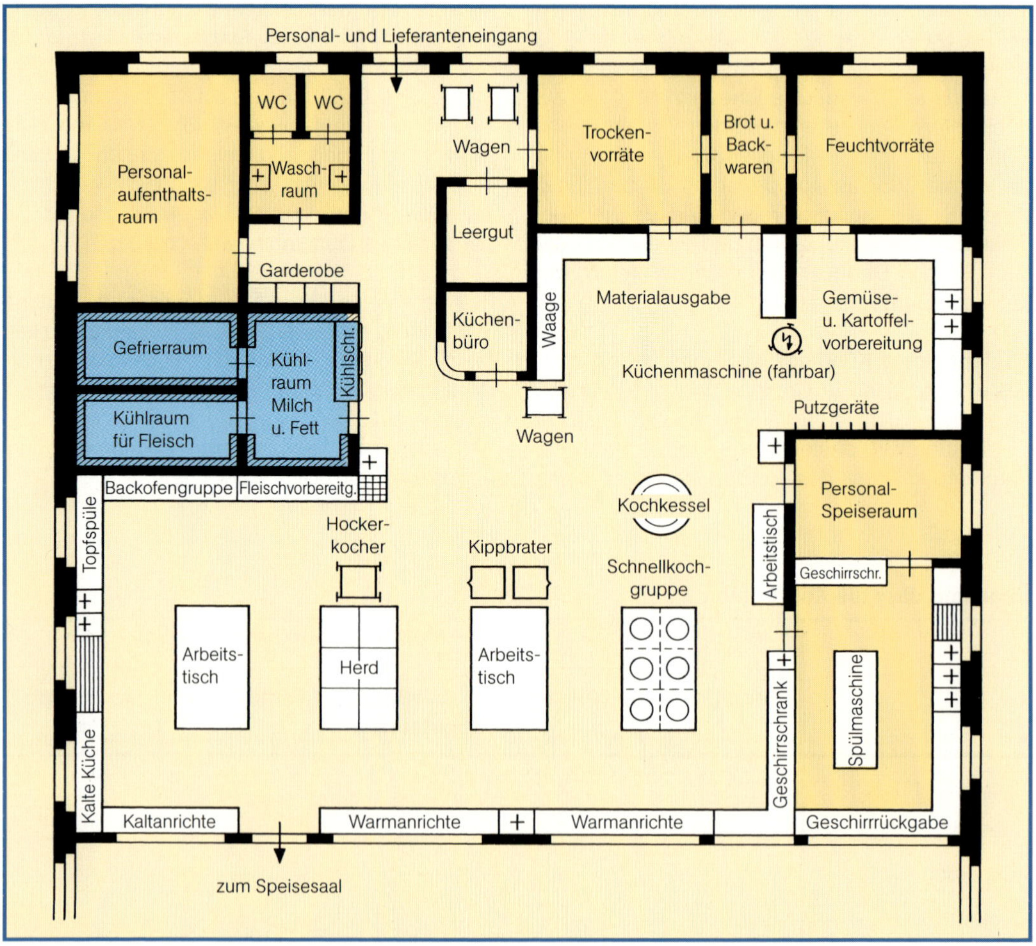

Küche einer Internatsschule; 300 bis 400 Essen. Maßstab 1: 200
Die Raumgliederung beachtet die Schwerpunktverteilung, wie sie in Kap. 4.1.1 dargestellt ist.

5.3.2 Mischküche

Eine Mischküche ist so ausgestattet, dass einzelne Menükomponenten frisch hergestellt werden können (z. B. Salate, Desserts, Beilagen) und andere vorbereitete Menükomponenten (z. B. tiefgefrorene Hauptkomponenten) nur aufbereitet werden. Für die Mischküche sind weniger Vor- und Zubereitungsgeräte erforderlich, dafür aber *Geräte zur Aufbereitung der vorgefertigten Menükomponenten*, für die außerdem noch *zusätzlicher Lagerraum* benötigt wird (Tiefkühlschränke). Bei strenger Beachtung gibt es heute nahezu keine Großküche mehr, die nur konventionell arbeitet, denn überall werden Produkte verwandt, die in unterschiedlichem Grade vorgefertigt sind (Kartoffelprodukte, Soßenpulver, Gemüse aus der Dose u. a.). Die meisten Großküchen sind Mischküchen.

In der folgenden Mischküche werden die Hauptkomponenten als Tiefkühlkost in Mehrportionsschalen angeliefert, im Tiefkühllager im Keller gelagert, mit dem Aufzug in die Küche transportiert und dann in den Menü-Auftauöfen aufbereitet. Beilagen wie Kartoffeln, Nudeln und Reis werden frisch zubereitet, ebenso Halbfertigprodukte wie Kartoffelbrei, Suppen, Soßen und Süßspeisen.

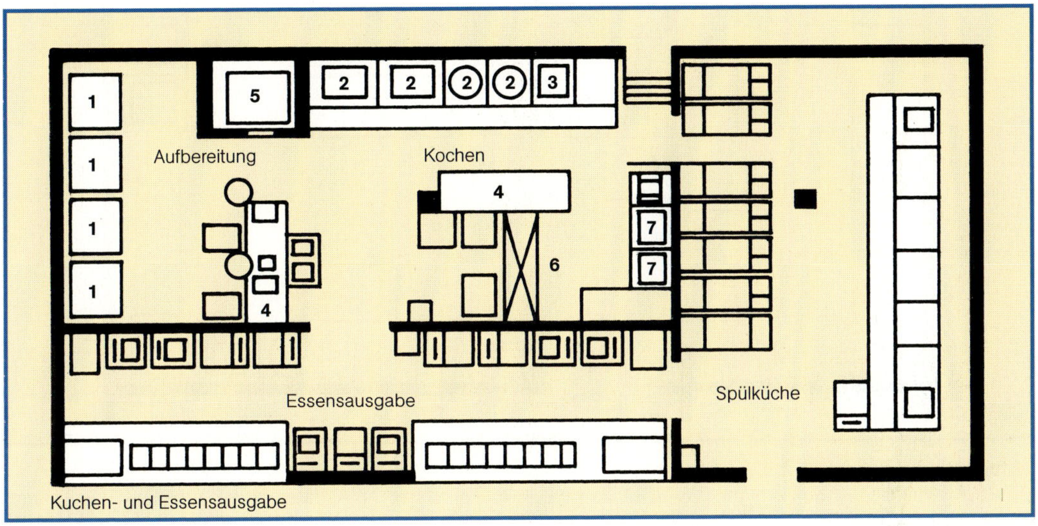

Mischküche
1 Menü-Auftauofen – 2 Kochkessel – 3 E-Herd – 4 Arbeitstische – 5 Aufzug – 6 Topfregal – 7 Topfspüle

5.3.3 Aufbereitungsküche

Die Aufbereitungsküche (Auftauküche, Regenerierküche; Abb. s. S. 42) wird bei thermisch entkoppelter Kost eingesetzt. Die vorgefertigten, meist tiefgekühlten Speisen werden nur noch *aufbereitet* (erwärmt). Für diesen Vorgang sind entsprechende Geräte notwendig. Der Platzbedarf ist gering und das Personal kann ohne besondere Qualifikation angelernt werden.

In einer solchen Aufbereitungsküche werden zwecks größerer Abwechslung Tiefkühlfertiggerichte von verschiedenen Firmen bezogen. Die wichtigsten Geräte sind Kochschränke, in denen mit Heißluft, Heißdampf oder Mikrowellen die fertig zubereiteten Gerichte aufgetaut und erwärmt werden.

- In *Heißluftgeräten* müssen die Speisen in Alufolie verpackt sein (geschlossen!), damit Verbrennungen und Verkrustungen vermieden werden.
- In *Heißdampfgeräten* ist ein Austrocknen der Speisen nicht zu befürchten, aber die Verpackung muss wasserdicht geschlossen sein,

damit die krosse Außenschicht gebratener Gerichte nicht durch eindringenden Wasserdampf aufgeweicht wird.

- In *Mikrowellengeräten* werden Fertiggerichte in Kunststoffverpackung erhitzt. Alufolie ist ungeeignet, denn sie reflektiert die Mikrowellen (s. Kap. 6.2.10).

Heißluft- und Heißdampfgeräte (s. Kap. 6.2.6/6.2.7) sind geeignet, wenn viele Portionen gleicher Fertiggerichte zu erwärmen sind. Dabei beträgt je nach der Ausgangstemperatur der Fertiggerichte und der Kapazität des Kochgerätes die Wärmezeit 10 bis 30 Minuten. – Mikrowellengeräte hingegen sind nur für Einzelportionen geeignet und kommen dort zum Einsatz, wo viele Wahlmöglichkeiten einer beschränkten Anzahl von Gästen angeboten werden. Das ausgewählte Gericht kann im Mikrowellengerät in einer Wärmezeit, die nach Sekunden bemessen wird, fertig gestellt werden.

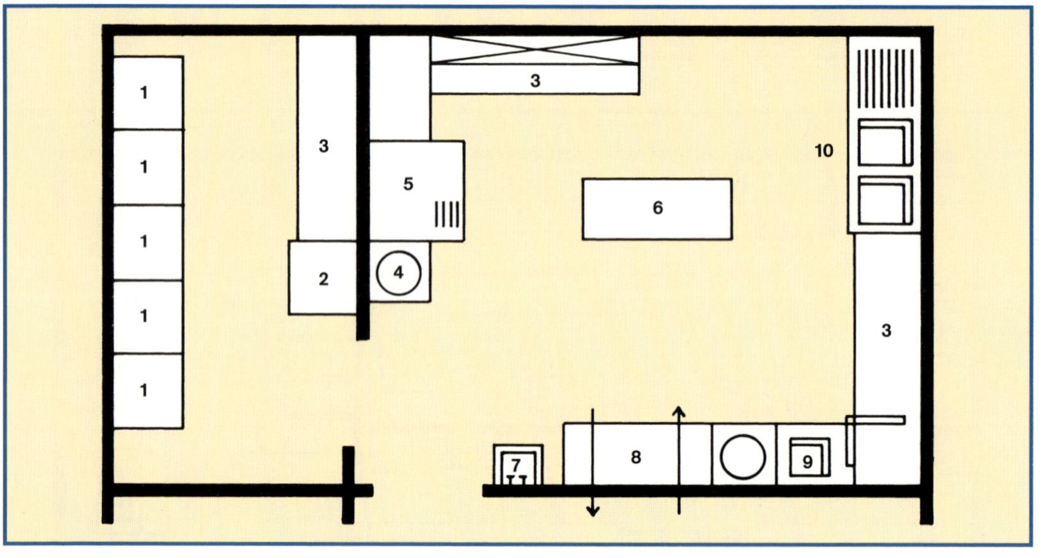

Aufbereitungsküche
1 Tiefkühlschränke – 2 Kühlschrank – 3 Arbeitstische – 4 Hockerkocher – 5 Auftaugerät – 6 Arbeitstisch – 7 Handwaschbecken – 8 Speisenausgabe – 9 Spülmaschine – 10 Spüle

5.4 Einsatzmöglichkeiten der Verpflegungssysteme

Der sinnvolle **Einsatz der Verpflegungssysteme** hängt von Größe und Art der Betriebe ab. Eigenherstellung von Warm- oder Frischkost ist bei der betrieblichen Verpflegung ab etwa 300 Verpflegungspersonen wirtschaftlich, in der institutionellen Verpflegung bereits ab 200 Verpflegungspersonen, und in der kommerziellen Verpflegung ist sie üblich. Fremdanlieferung von Warm- oder Frischkost eignet sich für kleinere Versorgungseinheiten, ebenso wie die Versorgung mit Tiefkühlfertiggerichten. Die Kühlkost kann überall eingesetzt werden und ist für größere Betriebe in pasteurisierter und luftdicht verpackter Form noch besser geeignet. Alleiniger Einsatz von Vollkonserven ist nicht zu empfehlen.

Als **Einsatzvoraussetzungen** für die verschiedenen Verpflegungssysteme spielen die *Ausstattung der Küche mit Geräten und Geschirr*, die *Qualifikation des Personals*, mögliche *Arbeitszeiten* (z. B. weniger Personal am Wochenende) und die *sachlichen Möglichkeiten für die Essensausgabe* eine große Rolle.

Einsatzmöglichkeiten der Verpflegungssysteme

	Betriebliche Verpflegung in Kantinen				Institutionelle Verpflegung in Heimen				Kommerzielle Verpflegung in Gaststätten
Betriebsgröße bis… Verpflegungspersonen	**100**	**200**	**300**	**>300**	**100**	**200**	**300**	**>300**	
Frischkost									
■ Eigenherstellung		×	×	× ×		×	× ×	× ×	× ×
■ Fremdherstellung	× ×	× ×	×		× ×	× ×	×		
Tiefkühlfertiggerichte	× ×	×			× ×	×	×		
Mischkost mit Tiefkühlkomponenten		× ×	× ×	× ×	×	× ×	× ×	× ×	×
Kühlkost									
■ nicht luftdicht verpackt	×	×	×	×	× ×	× ×	× ×	× ×	
■ luftdicht verpackt	×	× ×	× ×	× ×	×	× ×	× ×	× ×	
Vollkonserven	×				×				

× = gut × × = sehr gut

6 Speisenproduktion

6.1 Küchengeräte für die Vorbereitung

6.1.1 Übersicht

Nach ihrer Funktion lassen sich die mechanischen Bearbeitungsgeräte folgenden Gruppen zuordnen:

- Universalküchenmaschinen: Mehrzweckgeräte, können mit entsprechendem Zubehör begrenzt die mit [*] gekennzeichneten Maschinen ersetzen
- Wasch- und Schälmaschinen: Salat- und Gemüsewaschmaschine, Kartoffelschälmaschine, automatische Schälanlagen
- Zerkleinerungsmaschinen: *Scheibenschneidmaschine, *Pommes frites-Schneider, *Reib-, Schneid- und Schnitzelmaschine, *Getreidemühle, *Passiermaschine, Pürierturbine, *Beerenpresse
- Fleischbearbeitungsmaschinen: *Wolf, Cutter (universell nutzbar), Zwillingsmaschine (Cutter mit Wolf), *Fleischmürber
- Misch- und Schlagmaschinen: *Misch- und Mengmaschine, *Rühr- und Knetwerke, *Schlagmaschine, Mixer
- Sonstige mech. Geräte: Portionier- und Formmaschinen, Würfelschneider, Waagen, Dosenöffner…

Alle Geräte müssen den Bestimmungen des Gerätesicherheitsgesetzes („Gesetz über technische Arbeitsmittel") genügen. Aufbau und Arbeitsweise der wichtigsten Maschinen werden im Folgenden an einer Auswahl von Beispielen erläutert.

6.1.2 Universalküchenmaschinen

Anstelle von Einzweckmaschinen mit integriertem Antriebsmotor können bis zu mittleren Betriebsgrößen für viele Aufgaben auch Universalmaschinen mit entsprechendem Zubehör eingesetzt werden. Gegenüber Einzweckmaschinen sind Universalmaschinen *preisgünstiger* und *platzsparender*, beanspruchen jedoch *längere Rüstzeiten* und *mehr Reinigungsaufwand.* Sie erreichen auch nicht den hohen Mengendurchlauf von Einzweckmaschinen, bei denen außerdem Parallelbetrieb möglich ist. Bei größeren Universalmaschinen ist es vorteilhaft, wenn der Antriebsblock über ein eigenes Fahrgestell verfügt, damit er an jeden Arbeitsplatz in der Küche gerollt werden kann. Bei der Verarbeitung heißer Speisen entfällt so der gefährliche Transport, weil die Küchenmaschine direkt neben dem Kochgerät stehen kann. Das Fahrgestell hat blockierbare Lenkrollen und ist beim Betrieb gegen Wegrollen gesichert. Maschinen wie die nebenstehende (Leistungsaufnahme rund 2 kW, Drehstromanschluss) reichen für Küchen bis etwa 600 Essen aus, bei höherer Produktion sind Einzweckmaschinen mit eigenem Motor vorzuziehen.

Mehrzweck-Großküchenmaschine

6.1.3 Maschinen zum Säubern und Schälen

Bei **Salat- und Gemüsewaschmaschinen** wird das Reinigungsgut nach dem Putzen bzw. Zerlegen im Wasser schwimmend in einem rotierenden Korbeinsatz gewaschen. Das Waschwasser wird durch eine Pumpe so in den Waschbehälter gefördert, dass sich im Korb eine horizontale „Wasserwalze" ausbildet. Die Wasserturbulenz kann dem Füllgut und seiner Verschmutzung angepasst werden. Zum Abführen der leichten Schmutzteilchen dient ein Überlauf, während schwerer Schmutz absinkt und vom Abwasser mitgenommen wird. Das Gemüse wird nach dem Absenken des Wasserspiegels im gleichen Gerät unter nochmaligem Abspülen mit Frischwasser auch geschleudert, verbleibt also vom Putzen bis zur Weiterverwendung ohne Umladen im selben Korb. 200 kg Blattgemüse können pro Stunde bearbeitet werden.

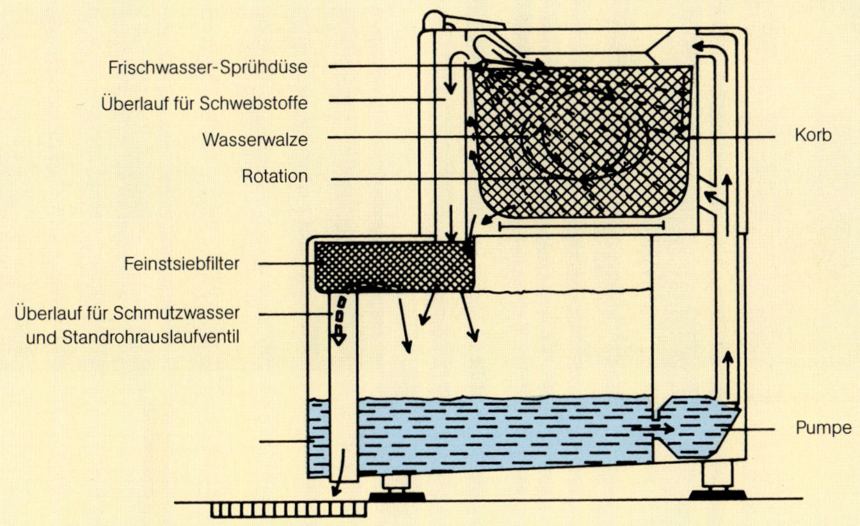

Salat- und Gemüsewaschmaschine

Kartoffelschälmaschinen enthalten einen Schälkorb, dessen Wandungen mit Schälwerkzeugen bestückt sind, den Boden bildet eine ebenso ausgestattete rotierende Scheibe. Sie steht schräg zur Achse, sodass sie eine Taumelbewegung ausführt und die Kartoffeln unter ständigem Wenden immer wieder gegen die Schälflächen wirft. Die Schälabfälle werden durch kontinuierliches Einsprühen von Wasser aus der Maschine geschwemmt. Nach dem Schälvorgang werden die Kartoffeln durch das Kippen des Gerätes oder bei laufendem Motor durch eine Klappe hinausbefördert. Solche Schälmaschinen sind mit Füllmengen von etwa 3 bis 30 kg gebräuchlich; für das Schälen von Zwiebeln gibt es Spezialausführungen.

Alle Schälmaschinen sollen mit Knollen oder Wurzeln gleicher Größe beschickt werden, weil kleine Knollen aufgerieben sind, bis die großen Knollen den richtigen Schälgrad erreicht haben (bis zu 50 % Verluste). Es empfiehlt sich, Kartoffeln nach Größe sortiert zu kaufen oder vor dem Einlagern über eine einfache *Sortiermaschine* laufen zu lassen. Keine Schälmaschine kann Handarbeit ganz ersetzen: Die Augen müssen immer von Hand ausgestochen und Schalenreste müssen entfernt werden. Restloses Entfernen der Schalenteile und Augen in der Maschine wäre mit zu hohen Verlusten verbunden.

Kartoffelschälmaschine mit Einsätzen

Kartoffelschälanlagen
Kartoffelschälanlagen arbeiten vollautomatisch mit Stundenleistungen bis zu einigen Tonnen. Aus Vorratsboxen im Keller werden die Kartoffeln über eine Förderschnecke zum Waschen und zur Schälmaschine befördert. Aus dem Gerät rollen sie unmittelbar auf den Nachputztisch, die *kochfertigen Kartoffeln* und die *Schälabfälle* werden direkt in *Transportwagen* gefüllt.

Kartoffelschälanlage

6.1.4 Maschinen zum Zerkleinern und Schneiden

Scheibenschneidemaschinen für Brot oder Aufschnitt sind als Großküchengeräte mit automatischem Schneidgut-Transport ausgestattet. Zum Brotschneiden werden Einmessermaschinen angeboten, wobei der *Brotvorschub scheibenweise* erfolgt, oder Gatterbrotmaschinen, bei denen ein ganzer Brotlaib auf einmal durch viele *parallele Messer* vollständig in Scheiben zerlegt wird. Es sind auch spezielle Geräte zum Aufschneiden von Brötchen oder zum Brotbestreichen lieferbar.

Eine **Aufschnitt-Schneidemaschine** wird nicht nur für Wurst- oder Käseaufschnitt gebraucht. Viel wichtiger für die Großküche ist ihre Verwendung zum Schneiden von Fleisch aller Art: Roh, gekocht, gebraten, heiß oder kalt lassen sich alle Fleischstücke (ohne Knochen) schnell und leicht in gleichmäßige Portionen aufteilen.

Diese Geräte arbeiten im Allgemeinen als Schwerkraftschneider: Messer und Schneidgutschlitten sind schräg gestellt, sodass die Zuführung des Schneidguts selbsttätig durch das Eigengewicht erfolgt.

Reibe-, Schneide- und Schnitzelmaschinen gibt es mit auswechselbaren oder verstellbaren Einsätzen: Fein- und Grobreibe, Scheiben- und Streifenschneider. Die Zuführung von Kohl, Bohnen, Gurken und Kartoffeln kann durch Spezialaufsätze geregelt werden. Ab 1000 Essen empfiehlt sich der Einsatz von Spezialmaschinen (statt auswechselbarer Einsätze).

Aufschnitt-Schneidemaschine

Bei allen Zerkleinerungsmaschinen ist es günstig, wenn sie für *fortlaufenden* Betrieb eingerichtet sind, damit möglichst keine Arbeitsunterbrechungen durch Zwischenentleerungen entstehen.

Der **Streifenschneider** ist für Großküchen besonders wertvoll, denn er ist vielseitig verwendbar: Er schneidet Salate und Gemüse wie z. B. Endivien, Chinakohl, Chicorée, Gurken, Karotten, Spinat, Lauch und Zwiebeln, zerkleinert Petersilie, Dill u. a. Kräuter, und er kann Fleisch, Innereien, Wurst, Hartkäse und Heringsfilet für Feinkostsalate in Streifen schneiden. Wenn Kartoffeln zu Pommes frites oder Gemüse in Würfel geschnitten werden sollen, wird zusätzlich zur Schneidscheibe ein Streifen- oder Würfelgatter in das Gerät eingesetzt, das beim Hindurchpressen des Schneidguts für das Zerteilen senkrecht zur Schneidscheibe sorgt.

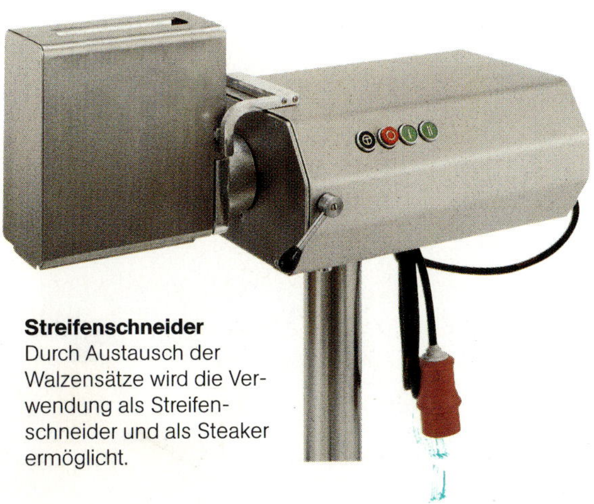

Streifenschneider
Durch Austausch der Walzensätze wird die Verwendung als Streifenschneider und als Steaker ermöglicht.

Schneidwalzensatz
zum Schneiden von Wurst, Käse, Gemüse usw.

Messerwalzensatz
zum Mürben von Fleischscheiben

Die **Passiermaschine** wird in der üblichen Form meist als *Vorsatzgerät für Universalküchenmaschinen* verwendet; dabei drücken Passierflügel das Lebensmittel durch Scheiben mit unterschiedlicher Lochung. Als spezielle Bauform für den Großküchenbereich werden Pürierturbinen (Turbomixer) angeboten.

Der **Turbomixer** „Elefantenrüssel" ist sehr leistungsfähig und variabel im Einsatz. Auf fahrbarem Gestell frei beweglich angebracht, kann der Elefantenrüssel für jeden Kochkessel benutzt werden. Zum Pürieren wird der Kesselinhalt vom Rüsselkopf angesaugt und durch Siebeinsätze gedrückt. Bei Verwendung als Rührgerät (Herstellung von abgeschlagener Creme) wird der Kesselinhalt durch Wellenerzeugung in Bewegung versetzt.

Ab 1000 Essen ist der Einsatz eines solchen Gerätes empfehlenswert.

Turbomixer

6.1.5 Fleischbearbeitungsgeräte

Im **Fleischwolf** findet eine mehr oder weniger starke Vorzerkleinerung des Fleisches zwischen der Förderschnecke und den Zügen des Gehäuses statt, anschließend wird dieses Fleisch gegen auswechselbare Lochscheiben gepresst und von mehrflügeligen Messern abgeschnitten. Je nach Lochdurchmesser der Endlochscheibe werden Fleisch, Speck, Fisch, Lunge, Leber oder gekochtes Gemüse mehr oder weniger fein verarbeitet, bis zu mehrere 100 kg pro Stunde.

Beim **Cutter** (engl. cut: schneiden) wird das Schneidgut in einer langsam drehenden Schüssel von einem Messerflügel erfasst, der von einer horizontalen, schnell laufenden Welle angetrieben wird. Besondere Sicherheitsvorkehrungen wie Vollabdeckung des Messerkopfes mit Zwangsabschaltung und Messerwellenbremsung beim Anheben sollen eine Gefährdung des Bedienpersonals ausschließen. Cutter sind mit ihren ca. 6000 bis 24 000 Schnittvorgängen pro Minute die wirksamsten Geräte zum Zerkleinern und Mischen von rohem und gekochtem Fleisch, Blatt- oder Wurzelgemüse, Zwiebeln, Obst und Nüssen. Auch für die Herstellung von Hackfleischteigen, Wurstmassen, Pasteten oder Cremes sind Cutter sehr geeignet. Sie werden mit Schüsselinhalten von etwa 10 bis 100 l und mehr angeboten und sind überall einsetzbar, wo gehackt, moussiert, püriert oder emulgiert werden soll.

Fleischwolf

Fleisch- und Gemüsecutter

Als **Obst-, Gemüse- und Fleischverarbeitungsmaschine** bezeichnet man Cutter, die in ihrem Maschinenständer auch noch einen Wolf beinhalten. Speziell für die Großküche werden diese Maschinen mit der Kupplung eines Universal-Großküchenmotors angeboten, sodass zusätzliche Aufsteckgeräte benützt werden können: zum Wolfen, Reiben, Schnitzeln, Schneiden, Würfeln, Passieren, Kneten, Rühren und Schlagen.

Beim **Steaker** oder Fleischmürber werden die portionierten Fleischscheiben zwischen zwei gegenläufig rotierenden Messerwalzen hindurchgezogen. Viele hundert Messerstacheln zerstechen die Sehnen und Fasern des Fleisches und machen es mürbe. Das so behandelte Fleisch ist zarter, benötigt weniger Brat-, Grill- oder Frittierzeit und verliert weniger Saft. Kleine Fleischstücke lassen sich zusammenheften, z. B. zu gemischten Steaks aus Rind-, Kalb- und Schweinefleisch. Nach Austausch der Stachelmesserwalzen gegen Rundmesserwalzen ist das Gerät auch als Streifenschneider verwendbar (Abb. s. Kap. 6.1.4).

Obst-, Gemüse- und Fleischverarbeitungsmaschine mit vielfältigen Einsatzmöglichkeiten

6.1.6 Misch- und Schlagmaschinen

Je nach dem Bearbeitungsvorgang wird bei diesen Geräten mit unterschiedlichen Werkzeugen und Drehzahlen gearbeitet: Das langsame **Kneten** von schwerem Teig (z. B. Hefeteig) geschieht mit Knetarmen und -haken, das mittelschnelle **Mischen oder Mengen** von dünnflüssigem oder leicht teigigem Material wie Mayonnaise und Soße erfolgt mit Rührbesen oder Rührschaufeln, das **Rühren und Schlagen** von schaumigen Massen wie Eischnee oder Schlagsahne mit Schlagbesen. In einer fest stehenden oder sich langsam drehenden Schüssel wandert das Werkzeug auf einer Kreis- oder Ellipsenbahn um die Schüsselmitte, während es gleichzeitig sehr viel rascher um die eigene Achse notiert. Daher gelangt nacheinander das gesamte Mischgut in seinen Arbeitsbereich. Für kleinere Mengen (unter 10 kg) genügen Vorsatzgeräte für die Universalküchenmaschine; Einzweckmaschinen werden mit einem Fassungsvermögen bis zu mehreren hundert Kilogramm angeboten.

Mixer für den Großküchenbereich unterscheiden sich, abgesehen von Füllmenge, Antriebsleistung und Robustheit, nicht grundsätzlich von den bekannten Kleinhaushaltgeräten.

Planeten-Rühr-, Schlag- und Knetmaschine

6.1.7 Weitere Maschinen und Geräte für die Vorbereitung

Mit einer **Portionier- und Formmaschine** können Frikadellen, Klopse und Klöße von 30 bis 240 g gemessen und geformt werden (Leistung bis 1500 Stück/h). Der Teig wird in den Fülltrichter gegeben (Fassungsvermögen 20 l) und von dort in die Messkammer gedrückt. Das vorher eingestellte Teigvolumen wird abgeteilt und später ausgestoßen. Danach laufen die zylindrischen Teigstücke zur Rundformung unter einer rotierenden Wirkplatte durch.

Dosenöffner gibt es für den Handbetrieb oder mit Elektroantrieb. Die nebenstehende Abbildung zeigt den Dosenöffner mit Elektroantrieb. Der Schneidkopf mit Motor wird durch Drehen der Kurbel auf und ab bewegt; er stellt sich in jeder gewünschten Höhe selbsttätig fest. Dosen in jeder Höhe (von 2 cm bis Eimerhöhe) werden mühelos aufgeschnitten. Dosen gleicher Höhe können nach einmaliger Einstellung in schneller Folge geöffnet werden (bis zu 800 Stück pro Stunde).

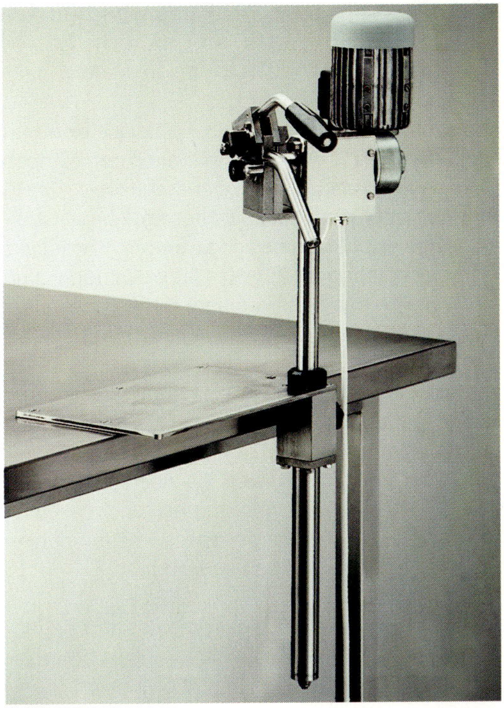

Dosenöffner

Eine **Küchenwaage** ist erforderlich zur Kontrolle von Lieferungen und zum Auswiegen von Zutaten und Portionen. Moderne elektronische Waagen verdrängen zunehmend rein mechanische Geräte wie die Portionenwaage. Für die Wareneingangskontrolle in Großbetrieben werden mikroprozessorgesteuerte, druckende Digitalwaagen eingesetzt.

Kernmessgeräte registrieren die Innentemperatur von Speisen. Ihr Fühler wird in das Koch-, Brat- oder Backgut eingesteckt. Wenn die mit dem Drehschalter vorgewählte Kerntemperatur erreicht ist, wird ein akustisches Signal ausgelöst; es zeigt an, dass die Garzeit beendet ist.

Für viele kleine Küchenarbeiten lohnt der Einsatz großer Küchenmaschinen nicht: Sie sind nicht am Arbeitsplatz greifbar, ihre Inbetriebnahme ist umständlich, es entstehen Zeit- und Materialverluste. Es ist wirtschaftlicher, für kleine Arbeiten Handgeräte oder kleine Spezialmaschinen einzusetzen.

Reiben, **Hobel**, **Schneidboy** und **Messer** aller Art, **Zitruspresse**, **Schneebesen** und **Rührgeräte** werden als handbetriebene Geräte auch in der

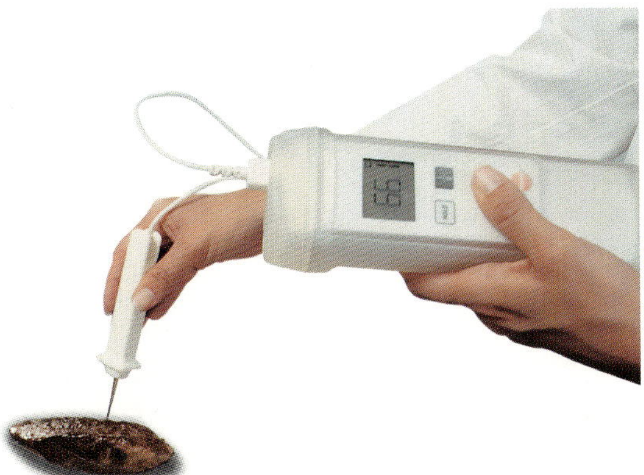

Kernmessgerät

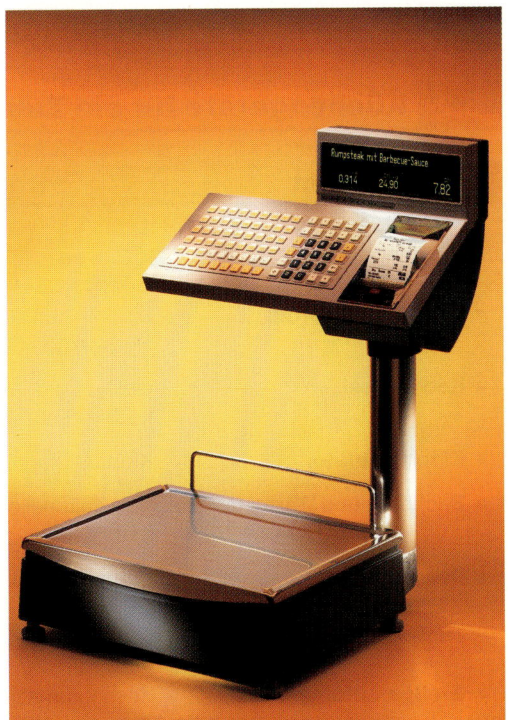

Systemwaage mit Digitalanzeige

Großküche gebraucht. Sie sollten jedoch für die starke Beanspruchung in der Großküche besonders stabil gebaut und aus rostfreiem Material sein.

Handmixer eignen sich zum Rühren, Mixen und Schlagen kleiner Mengen in beliebigen, jedoch nicht zu flachen Töpfen oder Schüsseln. Diese handlichen Küchenhelfer sollten in keiner Großküche fehlen; sie lassen sich an jedem Arbeitsplatz (mit Steckeranschluss) vielseitig verwenden, sind leicht zu reinigen (kurz in einem Gefäß mit Wasser laufen lassen) und ohne Vorbereitung einsatzbereit.

Als **Kaffeemühle** ist ein Spezialgerät mit eigenem Motor erforderlich. Kombinierte Geräte, die auch zum Mahlen anderer Materialien verwendet werden, sind unpraktisch, weil sie nach jedem Gebrauch auseinander genommen und gereinigt werden müssen. Das ist bei Spezial-Kaffeemühlen nicht nötig; sie sind stets einsatzbereit.

Eine **Zitruspresse** mit Elektromotor kann bei hohem Verbrauch an Zitrusfrüchten (Diätkost!) nützlich sein; sie entsaftet rasch und gründlich.

Weitere Spezialgeräte sind: **Eismaschine**, **Butterteilmaschine**, **Knochensäge** und **Knochenbrecher**. Viele dieser Spezialgeräte gibt es auch als Zubehör für Universalküchenmaschinen (siehe Kap. 6.1.1).

Als **Kaffeemaschinen** zum Anbrühen von Kaffee und anderen Heißgetränken sind vollautomatisch gesteuerte Geräte für laufenden Ausschank empfehlenswert. Geräte mit automatischer Füllvorrichtung für Tassen oder Kännchen sollten einen zweiten Zapfhahn zum raschen Entleeren oder zum Füllen großer Kannen haben.

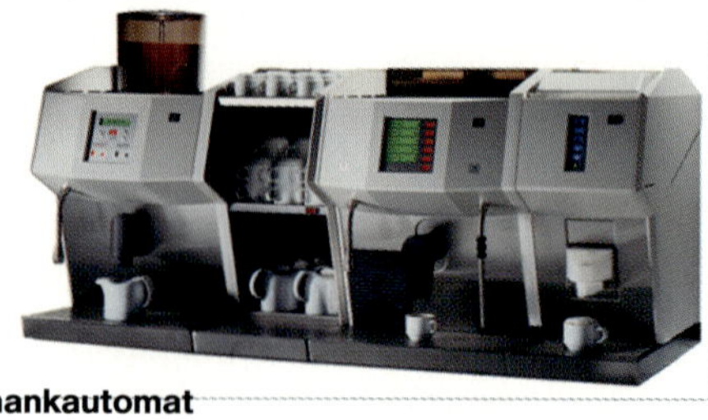

Ausschankautomat

6.2 Küchengeräte für die Zubereitung

6.2.1 Übersicht

Die folgende Tabelle gibt eine Übersicht über die Vielzahl der Gar- und Wärmegeräte:

▪ **Großküchenherde:**	Elektro- und Gasherde, Glühplattenherde, Brat- und Grillplatten, Hockerkocher
▪ **Kochkessel:**	elektro-, gas- und dampfbeheizte Kessel, Druckkochkessel, Passierkochkessel
▪ **Kippgargeräte:**	Kippbratpfanne, Soßenautomat, Dampfbratpfanne, Druckgarpfanne
▪ **Backöfen und Wärmegeräte:**	konventionelle Backöfen, Umluftbackofen, Wärmeschrank, Wärmebad
▪ **Dampfgargeräte:**	Dämpfer, Heißluft-Dampf-Geräte, Druckdämpfer, Durchlaufdämpfer
▪ **Grill- und Frittiergeräte:**	Salamandergrill, Rostbrater, Grillplatte, Grillautomat, Fritteuse, Frittierautomat
▪ **Großgarautomaten:**	Kochautomat, Bratstraße, Dämpfautomat, Umluftautomat
▪ **Mikrowellengeräte:**	Mikrowellengerät, Kombigeräte

Die **Aufstellung** der Geräte kann in unterschiedlicher Weise erfolgen: Standgeräte erfordern keine besondere bauseitige Vorbereitung, beeinträchtigen aber die Bodenreinigung. Für bodenfreie Geräte sind mindestens einzelne Pultfüße erforderlich, besser eignet sich ein gemeinsamer Hochsockel oder es ist eine Installationswand zur Aufhängung vorzusehen.

6.2.2 Das Gastro-Norm-Maß und der Kochraumbedarf

Die Mehrzahl der Großraum-Gargeräte entspricht in ihren Abmessungen den Gastro-Norm (GN)-Behältermaßen, denn genormte Gefäße und Geräte verbessern die Wirtschaftlichkeit der Lagerhaltung, des Transportes und der Kochraumnutzung. Wirtschaftliche Nutzung der Kühl- oder Kochenergie und eine Entlastung des Personals sind möglich.

Das Grundmaß der Gastro-Norm ist 530 × 325 mm. Veränderte Größen werden durch Verdoppelung oder Teilung der Seitenmaße gewonnen:

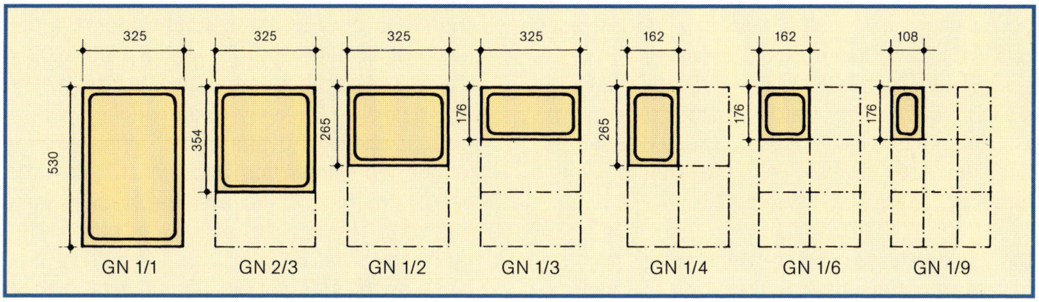

Beispiele für Anwendung der Gastro-Norm:
Rechteckige Kochkessel für Gastro-Norm-Einsätze,
Dampfdruckgeräte mit Garraum für Gastro-Norm-Einsätze,
Transportwagen für Gastro-Norm-Tabletts,
Thermoport-Ausgabetheke mit Gastro-Norm-Einsätzen,
Backrohrmaß = 2/1 Gastro-Norm,
Kochschränke für Gastro-Norm-Einschübe,
Essgerät auf Gastro-Norm-Tabletts und Esstische passend für Gastro-Norm-Tabletts

Der **Bedarf an Kochraum** beträgt im Durchschnitt je Essensteilnehmer:

0,20 l für Suppe
0,15 l für Soße
0,25 l für Gemüse
0,33 l für Kartoffeln

0,93 l für Mittagessen

0,50 l für Eintopf
0,40 l für Kaffee
0,30 l für Milch

Zur Berechnung der Kesselgrößen kommt ein Aufschlag von 20 bis 30 % hinzu, weil die Kessel nicht randvoll gefüllt werden können.

Zahl der Essen	Suppe	Töpfe oder Kessel für Soße	Gemüse	Kartoffeln	Kipp-brater	Kaffee-kessel	Milch-kessel
50	12 l	10 l	15 l	20 l	60×40 cm	25 l	20 l
100	25 l	20 l	30 l	40 l	60×60 cm	50 l	40 l
200	50 l	40 l	60 l	80 l	60×80 cm	100 l	80 l

Ab 300 Essen sind für Kartoffeln und für Gemüse zwei oder mehr getrennte Kessel und mehrere Kippbrater vorzusehen.

Bei Schichtessen verringert sich der Kochraumbedarf. Geht man davon aus, dass sechs Schichten in zwei Stunden (20-Minuten-Takt) versorgt werden, so können die Kochkessel und Kippbrater drei- bis viermal beschickt werden.

Auch der Einsatz von Kochschränken (Umluft- oder Dampfdruckgeräte) verringert den Bedarf an Kesselraum.

6.2.3 Großküchenherde und Hockerkocher

Der Großküchenherd ist für das Garen in Töpfen, Pfannen und Kasserollen unerlässlich. Seine Größe richtet sich nach der Zahl der Essensportionen und nach der Beanspruchung als Alleinherd oder als Zusatzherd zu Kochkesseln, Kippbratern und weiteren Gargeräten. Er kann mit zwei bis acht Kochstellen ausgestattet sein, mit runden oder quadratischen Platten aus Gusseisen, mit Glaskeramikfeldern, mit Glühplatten oder mit Gaskochstellen. Häufig ist der Herd Kernstück eines Kochblockes, der als weitere Funktionsteile Wasserbad, Kochkessel, Bratplatten, Fritteuse, Wärmeschrank und Arbeitstisch enthalten kann.

Die **Elektroherde** sind im Allgemeinen mit unmittelbar nebeneinander liegenden Rechteck-Kochstellen (je 30 × 30 cm bis 35 × 40 cm groß) in Doppelreihe ausgestattet. Die Bedienung erfolgt über einen Stufenschalter oder (seltener) einen stufenlosen Temperaturregler; die Heizleistung beträgt zwischen etwa 2,5 kW und 5 kW pro Kochstelle.

Neben den **metallischen Kochstellen** gibt es auch sehr schnell reagierende und energiesparende Kochstellen mit **Glaskeramikplatten**, die mit verschiedenen Beheizungsarten ausgestattet sein können. Entweder wird die Glaskeramikplatte mit einer klassischen Heizwendel erwärmt oder mit **Halogenstrahlern**, die die Ankochzeit verkürzen. Eine spezielle Variante der Glaskeramik-Kochflächen sind die **Induktionskochfelder**. Bei den Induktionskochfeldern wird unter der Glaskeramikfläche ein elektromagnetisches Wechselfeld erzeugt, das die Glaskeramik durchdringt und im Boden spezieller Kochgeschirre einen Wärme erzeugenden Wirbelstrom induziert. Dieses Verfahren ist energiesparend, sehr gut steuerbar und sicher, da die Kochplatte selbst kalt bleibt, allerdings ist spezielles Kochgeschirr erforderlich. Glaskeramik-Kochfelder gibt es auch mit einem **Topferkennungssystem**, das sich selbsttätig ein- und ausschaltet, sobald der Topf aufgestellt oder abgenommen wird.

Zum Braten und Grillen mit Fettspiegel oder Pfanne werden zusätzlich Brat-, Grill- und Griddleplatten mit unterschiedlichem Oberflächenprofil in etwa doppelter Kochstellengröße insbesondere für die Gastronomie angeboten (siehe Skizzen S. 59).

Kochblock

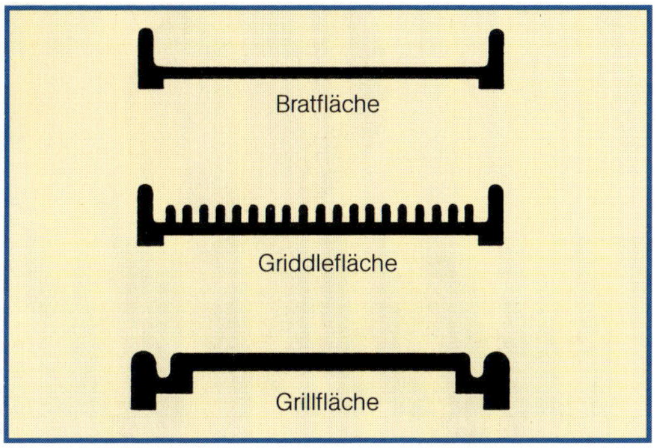

Gasherde mit offenen Gaskochstellen gibt es mit Brennerleistungen von etwa 3,5 kW bis 8,5 kW, die stärkeren sind Zweikreisbrenner mit zwei Flammringen. Sie bieten hinsichtlich Energiekosten und Reaktionsgeschwindigkeit Vorteile gegenüber Elektroherden, erfordern aber eine entsprechende Auslegung der Küchenentlüftung (s. Kap. 4.2.3). Auch Brat-, Grill- und Griddleplatten können mit Gasbeheizung durch einen unter der Kochstelle liegenden Brenner betrieben werden.

Bei gasbeheizten **Glühplattenherden** sind Brenner und Rauchabzug unter einer großen Gussstahlplatte gegenüberliegend angeordnet, sodass sich auf der Platte örtlich unterschiedliche Temperaturen einstellen. Daher ist durch rasches Verschieben des Geschirrs ein sehr gezieltes Garen möglich, wie es vor allem in der Gastronomie gefordert wird. Bei Glühplattenherden für Elektroküchen sind unter einer großen fugenlosen Platte mehrere getrennt einstellbare Heizelemente verteilt, die für unterschiedliche Temperaturzonen sorgen.

Hockerkocher sind niedrige Zusatzherde (50 cm hoch) mit Gas- oder Elektroheizung. Es können Töpfe bis 60 l Inhalt aufgesetzt werden. Solche Hockerkocher sind praktische Zusatzgeräte für den Stoßbetrieb oder für wachsende Küchen. Wegen der niedrigen Höhe sind sie bequem in der Handhabung. Elektrisch beheizt oder mit Gasflaschengestell sind sie teilweise fahrbar und können zum Warmhalten von Speisen an die Ausgabestelle gerollt bzw. gestellt werden.

Hockerkocher, mit Elektroheizung

6.2.4 Kochkessel

Kochkessel sind doppelwandig gebaut. Die Wärmezufuhr an dem Innenkessel erfolgt durch Wasserdampf, der in den Hohlraum zwischen Innen- und Außenkessel eintritt und am Innenkessel kondensiert. Die Beheizung kann unterschiedlich erfolgen: elektrisch, durch Gas oder durch Niederdruckdampf. Da die Kesselinnenwand nie mehr als die Dampftemperatur von 110 bis 120 °C erreichen kann, ist ein Anbrennen der Speisen ausgeschlossen. Kaffee- und Milchkessel sind mit lose aufliegendem Scharnierdeckel ausgerüstet. Andere Kochkessel haben hermetisch (luft- und wasserdicht) verschließbare Deckel mit einem Sicherheitsventil, das den Kochwrasen ableitet, wenn der Dampfdruck über dem Kochgut 0,1 bar erreicht hat. Dieser geringe Überdruck verkürzt die Garzeit, spart Energie und ist für die Erhaltung der Vitamine besonders günstig.

Kochkessel können rund oder viereckig sein, sie sind mit einem Entleerungshahn und einer Wasserfüllvorrichtung (für Kaltwasser und Warmwasser) ausgestattet. Häufig ist die Verwendung von Gastro-Norm-Einsätzen möglich und einige Geräte haben auch Hebe- und Senk- oder Kippvorrichtungen.

Als besondere Kesseltypen gibt es Schnellkochkessel und Druckkochkessel.

Druckkochkessel

Kippkochkessel

Schnellkochkessel haben ein relativ kleines Volumen (20 bis 150 Liter) und damit kürzere Aufheizzeiten. Meistens werden sie in Kochkesselgruppen installiert und dienen zum gleichzeitigen Garen von Gemüse, Kartoffeln, Suppen, Soßen. Wenn in Schichten über einen Zeitraum von zwei Stunden gegessen wird, dann können die Speisen in diesen kleinen Kesseln auch zeitlich gestaffelt gekocht werden. Schnellkochkessel arbeiten drucklos.

Druckkochkessel haben ein Fassungsvermögen zwischen 100 und 300 Liter. Sie werden ebenfalls mit Gastro-Norm-Einsätzen beschickt, arbeiten mit einem Überdruck im Innenkessel von 0,5 bar und einer Temperatur von etwa 110 °C.

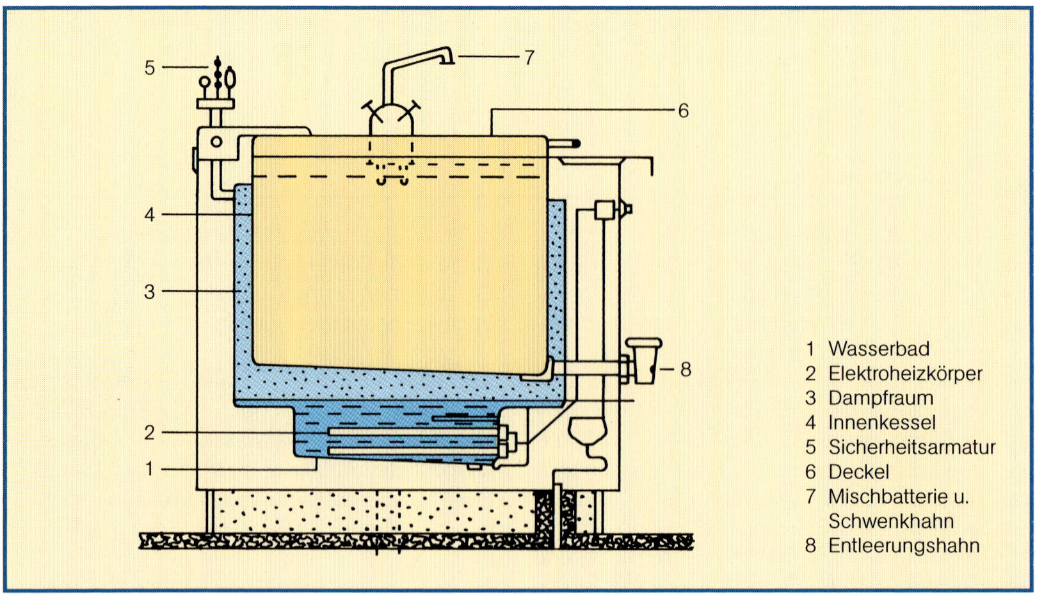

Elektrobeheizter Kochkessel

Kippkochkessel (Abb. s. S. 60) sind in normaler Herdhöhe zwischen Standsäulen aufgehängt und können leicht bedient werden. Mit Schneckengetriebe und Handrad sind die Kippkochkessel in jede gewünschte Schräglage zu bringen; das erleichtert die Arbeit beim Füllen, Entleeren und Reinigen der Kessel. Sie können als Einzelgeräte oder zu mehreren in einer Gruppe vereint aufgestellt werden.

Passierkochkessel mit Spezialflügelwellen zum Passieren, Schneiden oder Mischen: Speisen, die von der vorbereiteten Rohware bis zum fertigen Gericht mehrere Arbeitsgänge in verschiedenen Geräten erfordern, werden im Passierkochkessel in einem Arbeitsgang und ohne Umfüllen zubereitet. Die *Püreewelle* dient der Herstellung von Kartoffelbrei, Apfelbrei, Spinat und Cremesuppen; ohne Heizung dient der Kessel mit Püreewelle zum Mischen von Teigen und zur Herstellung tafelfertiger Quarkspeisen. Mit der *Gemüsewelle* lassen sich Möhren und alle Kohlgemüse zerhacken. Die *Milchwelle* dient zum Kochen von Milchspeisen und Kaltschalen, die mit Bindemittel zubereitet werden. Eine Kesselfüllung ist ausreichend für 100 bis 150 Portionen.

6.2.5 Kippgargeräte

Kippbratpfannen mit Gas- oder Elektroheizung werden zum Braten und Backen von Fleisch, Fisch, Kartoffeln, Eierspeisen und Pfannkuchen verwendet. Aber auch zum Dünsten von Gemüse und zum Garen von Klößen sind sie sehr praktisch. Die Pfanne ist zwischen zwei Säulen so gelagert, dass sie zum Entleeren gekippt werden kann; eine Auslaufnase ermöglicht die restlose Entleerung (auch des Spülwassers!). Bratpfannen aus Gusseisen oder Flussstahlblech sind wegen der rauen Oberfläche des Pfannenbodens gut geeignet. Chromnickelstahlpfannen haben sich zum Braten nicht bewährt, weil auf dem glatten Boden die Bratgerichte leicht anhängen. Kippbratpfannen haben einen Scharnierdeckel, der feststellbar ist.

Kippbratpfannen haben eine Nutzfläche von 60 × 40 cm, 60 × 60 cm oder 60 × 80 cm; darauf können pro Stunde 150 bis 300 Fleischstücke (etwa Schnitzel) gebraten werden. Für Anstaltsküchen sind Kippbratpfannen das erste und wichtigste Zusatzgerät (zum Herd); sie können schon für Küchen ab 30 Personen empfohlen werden.

Der **Sauciermat** (Soßenautomat) ist eine spezielle Kippbratpfanne mit einer Schabwende-Vorrichtung, die zur Herstellung von Soßen eingesetzt wird. Das manuelle Rühren bei der Herstellung von Soßen, Gulasch und Ragout wird überflüssig. Ohne die Schabwende-Vorrichtung ist der Sauciermat auch als Kippbratpfanne einsetzbar.

Bei der **Dampfbratpfanne** (Diät-Kippbratpfanne) wird der Tiegelboden mit Wasserdampf beheizt. Weil 100 °C nicht überschritten werden, kann damit besonders fettarm und nährstoffschonend gebräunt werden. Eine weitere Variante stellt die **Druckgarpfanne** dar, bei der nach dem Anbraten unter einem druckdicht verschlossenen Deckel bei 110 °C durchgegart werden kann.

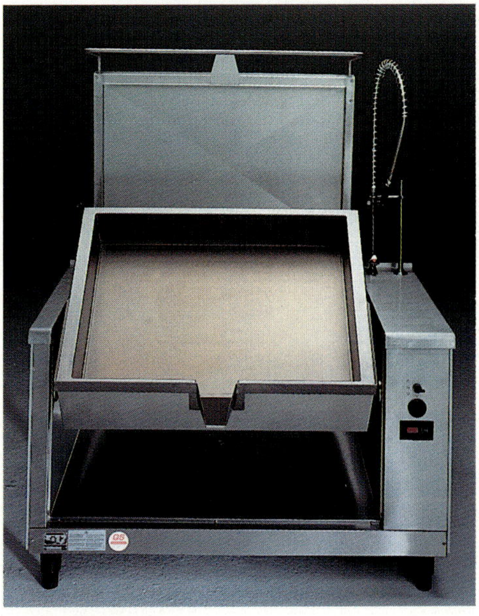

Kippbratpfanne

6.2.6 Backöfen

Konventionelle Brat- und Backöfen arbeiten mit Strahlungswärme, die von oben und von unten in den Garraum abgegeben wird. Der Garraum ist daher ein Backrohr von begrenzter Höhe (28 cm). Ein solches Rohr wird nur einschichtig beschickt, damit die Strahlungswärme als Unter- und Oberhitze auf die eingeschobenen Speisen einwirken kann. Das Fassungsvermögen wird durch Breite und Tiefe des Rohres (54 × 68 cm) bestimmt. Beim **Etagenbackofen** liegen zwei bis drei Backrohre übereinander; bei nur zwei Rohren ist häufig unten ein Wärmeschrank eingebaut. Mehrere Etagenbacköfen können zu einer Backofengruppe nebeneinander gestellt werden.

In der modernen Großküche werden inzwischen meistens Gargeräte eingesetzt, in denen auf mehreren Etagen gegart werden kann (s. Abb.). Dies erlaubt das Garen größerer Mengen auf kleinem Raum in kurzer Zeit. Bei einigen Geräten ist die Beschickung mit Hordenwagen möglich, was eine Transporterleichterung und damit eine Arbeitszeiteinsparung bedeutet. Andere Geräte arbeiten bereits vollautomatisch (Transferautomaten).

Etagenback- und -bratofen

Beim **Umluftbackofen** (Konvektionsofen, Heißluftbackofen, Convectomat®) erfolgt die Wärmezufuhr an das Gargut fast ausschließlich durch die Umwälzung (Konvektion) von trockener Heißluft bei Luftgeschwindigkeiten um 50 km/h. An der Rückwand oder einer Seitenwand des Garraumes saugt ein kräftiges Gebläse die Luft aus dem Garraum an, fördert sie zur Erwärmung über einen Elektro-Rohrheizkörper und dann durch Luftkanäle in den Ofenwänden in den Garraum zurück. Dank der intensiven Luftbewegung findet eine sehr wirksame Wärmeübertragung auf das Gargut statt. Die Lufttemperatur ist zwischen etwa 50 °C und 300 °C wählbar.

Derartige Geräte können mehr als ein Dutzend Bleche übereinander aufnehmen, ohne dass es zu einer Funktionsbeeinträchtigung kommt. Die Beschickung kann bei großen Geräten (Fassungsvermögen z. B. 20 GN-1/1-Roste) unmittelbar durch Einfahren von Hordenwagen erfolgen. Umluftöfen sind zum Backen, Braten, Gratinieren, Grillen, Auftauen und Aufbereiten einsetzbar. Die Speisen müssen wegen der allseitigen Wärmezufuhr nicht gewendet werden, auch ist das Garen verschiedener Menübestandteile gleichzeitig ohne Geschmacksübertragung möglich. Z. T. sind Konvektionsöfen mit einem Schwadenerzeuger ausgerüstet, um der manchmal störenden Neigung zum Austrocknen entgegenzuwirken.

6.2.7 Dampfgargeräte

Beim **Dämpfer** erfolgt die Wärmeübertragung durch Kondensation von Wasserdampf direkt auf der Lebensmitteloberfläche. Die außerordentlich intensive Wärmezufuhr bei mäßiger Temperatur führt zu rascher und schonender Garung – beim drucklosen Garen ist die Temperatur auf 100 °C begrenzt. Vorteilhaft ist ferner, dass die Gewichtsverluste wegen der hohen Feuchte gering bleiben; auch Speisen, die leicht austrocknen, können sehr gut gegart werden (Gemüse, Kartoffeln, Teigwaren, Klöße, Reis).

Heißluft-Dampf-Kombinationsgeräte (Heißluftdämpfer, Kombidämpfer) sind den reinen Dämpfern aufgrund ihrer Vielseitigkeit und der noch besseren Garergebnisse überlegen. Es handelt

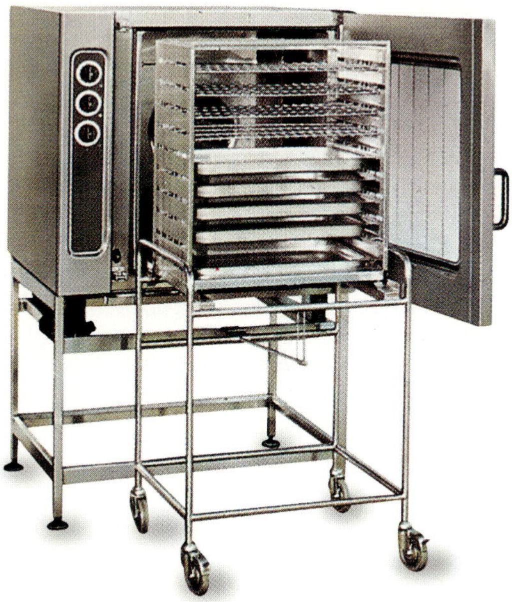

Heißluftdämpfer mit Hordenwagen

sich dabei im Prinzip um Heißluftgeräte, die zusätzlich über einen elektrisch beheizten Dampferzeuger mit Frischwasseranschluss außerhalb des Garraums verfügen. Bei 30 kW Heizleistung werden etwa 40 l pro Stunde verdampft. Der Dampf tritt in Gebläsenähe in den Garraum ein und kondensiert am Gargut; das Kondensat wird am Garraumboden als Abwasser abgeführt.

Bei diesen Geräten lassen sich verschiedene Garverfahren nacheinander ohne Umfüllen oder Zeit raubende Unterbrechung abwickeln. Das erlaubt ein äußerst wirtschaftliches und vielseitiges Arbeiten und eine optimale Anpassung an nahezu jeden Garprozess, z. B. Auftauen/Anbraten/Dämpfen in einem Arbeitsgang. Sie sind häufig mit einer Vielzahl von Kombinationsprogrammen ausgestattet, mit denen Feuchtigkeit und Temperaturverlauf elektronisch gesteuert werden. Kerntemperaturmessung und automatische Schnellrückkühlung können für energiesparendes Arbeiten sorgen. Die Reinigung des Garraumes ist aufgrund der höheren Feuchtigkeit erheblich vereinfacht und wird oft durch eine bereits fest installierte Reinigungsdusche erleichtert.

Druckdämpfer (Schnelldämpfer) garen Lebensmittel bei einem Dampfüberdruck von 0,4 bis 1 bar; damit werden Temperaturen von 108 °C bis 120 °C erreicht. Infolgedessen sind die Garzeiten stark verkürzt, im günstigsten Fall (Kleingemüse) bis auf ein Viertel der normalen Dauer. Vitamine, Spurenelemente und die sensorische Qualität des Garguts bleiben weitgehend erhalten.

Das Gargut wird in gelochte GN-Behälter eingeschoben. Nach druckdichtem Schließen der Tür lässt man Dampf einströmen, mit dessen Kondensation am Lebensmittel unmittelbar die Erwärmung einsetzt. Häufige Beschickung des Gerätes in zügigem Takt ist möglich, sodass auszugebende Speisen stets frisch gegart werden können. Unterschiedliche Gemüse lassen sich ohne Geschmacksübertragung gleichzeitig garen. Da der Garraum beim Dampfeinlass automatisch entlüftet wird, unterbleibt auch eine Beeinträchtigung der Speisenqualität durch die Oxidationswirkung des Luftsauerstoffes. Für die Gastronomie gibt es Druckdämpfer auch mit kleinem Garraum für den portionsgerechten Einsatz.

Bei **Durchlaufdämpfern** wird das Gargut in GN-Behältern auf schräg gestellten Rollbahnen automatisch durch selbsttätig öffnende und schließende Druckkammern geführt. Vor dem Öffnen der Türen zum Ein- und Ausfahren der GN-Behälter wird die Dampfzufuhr abgesperrt und der Druck im Gerät durch Niederschlagen des Dampfes mithilfe einer Wasserkühlung abgebaut. Diese Geräte erreichen einen Durchlauf von z. B. 500 kg Kartoffeln pro Stunde.

Druckdämpfer

6.2.8 Grill- und Frittiergeräte

Beim Grillen im strengen Sinn erfolgt das Garen des Lebensmittels ausschließlich durch Infrarotstrahlung (Wärmestrahlung). In der Küchentechnik werden den Grillgeräten jedoch auch die Grillplatten zugerechnet, bei denen die Wärmeübertragung im Wesentlichen durch direkten Kontakt mit heißen Metallflächen, d. h. durch Wärmeleitung, erreicht wird.

Beim **Salamandergrill**, der vorwiegend in Gastronomieküchen anzutreffen ist, werden die Fleischstücke auf einen höhenverstellbaren Rost gelegt und von oben der Strahlung von elektrischen Heizelementen ausgesetzt. Bei **Spießbratern** (Hähnchengrill, Gyrosgrill) drehen sich die Fleischstücke an rot glühenden Heizstrahlern vorbei. Bei **Rostbratgeräten** wirkt die Wärmestrahlung im Allgemeinen von unten auf das Gargut ein. Sie sind üblicherweise mit Elektroheizkörpern ausgestattet, die direkt unter dem Rost über einer wassergefüllten Fett-Abtropfwanne angebracht sind. Beim Glühsteingrill liegen unter dem Rost elektrisch oder durch Gasbrenner beheizte Lavasteine, die dann die Wärmestrahlung an das Gargut abgeben.

Grillautomaten sind mit kombinierter Umluft- und Strahlungsheizung ausgestattete Großgeräte, die Langzeitbratstücke wie Schmorbraten oder Schweinenacken sachgerecht garen, in Schaleneinsätzen können auch Rouladen, Fleischspieße o. Ä. zubereitet werden. Bratkörbe werden mittels eines Kettenantriebes durch den Garraum bewegt, die Strahlungswärme findet von allen Seiten gleichmäßig Zugang. Vom Lebensmittel abtropfendes Fett wird großenteils im nächsttieferen Bratkorb wieder aufgefangen. Das Fassungsvermögen liegt hier bei rund 200 kg.

Fritteusen dienen zum Ausbacken von panierten Fleisch- und Fischstücken, von Fettgebäck oder Pommes frites. Die Heizung des Fettbades (Temperatur 160 bis 180 °C, Fassungsvermögen 10 bis 20 l Fett) wird in einem etwa handbreiten Abstand vom Boden frei hängend angeordnet. Durch den Auftrieb des erwärmten Fettes bildet sich eine Zirkulationsströmung aus, die aber den Bereich unterhalb des Heizkörpers nicht erfasst – es entsteht eine Kaltzone, sodass herabsinkende Speisekrümel nicht verbrennen können. Ein *Ablaufhahn* erleichtert die Erneuerung des Fettes; der Bodensatz wird nach dem Herausheben der Heizschlangen entfernt.

In **Frittierautomaten** wird z. B. mit einem Fettbad von 200 l Inhalt beim Ausbacken von Pommes frites eine Stundenleistung von 500 kg erreicht. Bei diesen Geräten wird das Gargut mithilfe eines Transportbandes aus Drahtgeflecht in langsamer, kontinuierlicher Bewegung durch die Fettwanne gezogen.

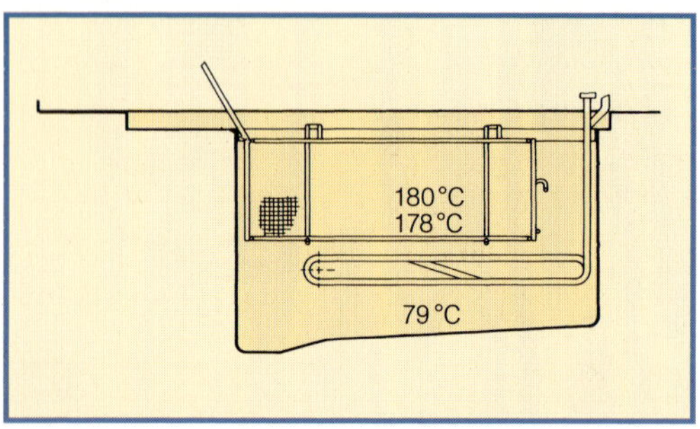

Fritteuse (im Schnitt)

Fritteuse

6.2.9 Großgarautomaten

Bei Großgarautomaten (**Transferautomaten**) wird rohes Gargut selbsttätig aufgenommen und in gegartem Zustand portioniert wieder abgegeben. Diese Geräte arbeiten automatisch und werden rentabel, wenn einige tausend Mahlzeiten gleicher Art zuzubereiten sind.

Kochautomaten sind Durchlaufgeräte zum kontinuierlichen Garen in siedendem Wasser; das Gargut wird in *Tauchbehältern* langsam durch ein Wasserbad transportiert. Derartige Anlagen sind z. B. zum Kochen von Kartoffeln, Gemüse, Reis, Teigwaren und Klößen geeignet. **Bratautomaten** (Bratstraßen) bewältigen große Mengen von Kurzbratstücken. Auf einer lang gestreckten, mehrere Quadratmeter großen Bratfläche mit regulierbarem Fettspiegel wird das Gargut durch *Mitnehmerstäbe* langsam weitergeschoben. Platz sparend sind Rundlaufautomaten, bei denen die Bratstücke nach dem Hinlauf auf der einen Bratflächenhälfte *automatisch gewendet* werden und dann auf der gegenüberliegenden Seite zurückwandern. Eine mittelgroße Bratstraße ersetzt mindestens fünf Kippbratpfannen und benötigt nur eine Bedienperson, erfordert allerdings erhebliche Rüst- und Reinigungszeiten.

Dampfautomaten werden als Druckgargeräte, aber auch als drucklose Dämpfer mit kontinuierlichem Gargut-Durchlauf für Kartoffeln, Reis oder Teigwaren eingesetzt. Die Speisen werden in Spezialbehältern „am Fließband" durch den Dämpfraum befördert. Das Beschicken und Entleeren der Behälter erfolgt vollautomatisch.

Der **Konvektionsautomat** ist ein Umlaufgerät mit automatischem Gargut-Durchlauf. Als weitere Großgargeräte werden Grill- und Frittierautomaten eingesetzt. Zur Herstellung vollständiger Menüs werden mehrere derartige Maschinen als Transferautomaten nebeneinander gestellt.

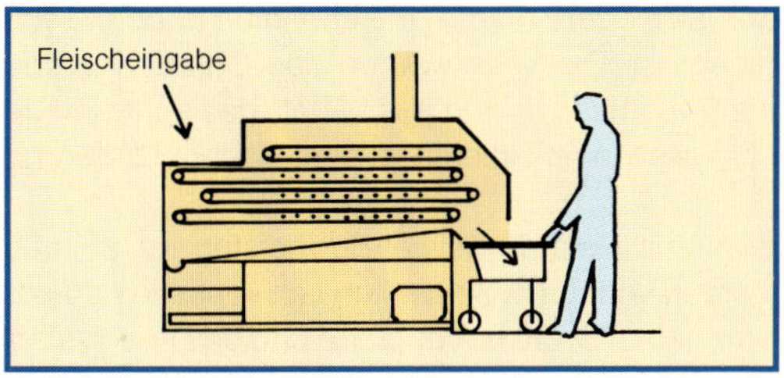

Brat- und Grillautomat

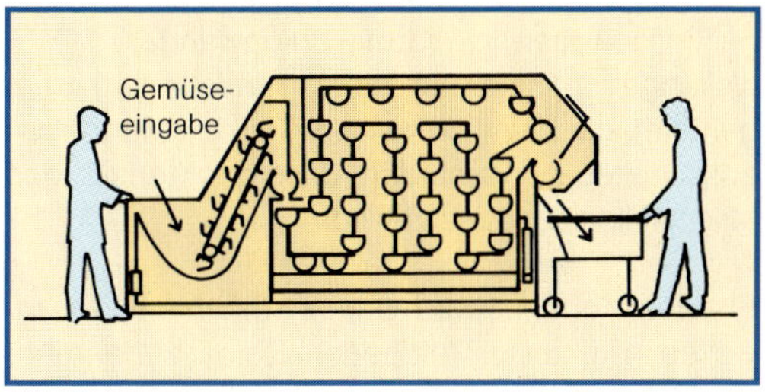

Dampfautomat
Er ist auch geeignet für Kartoffeln, Reis oder Teigwaren.

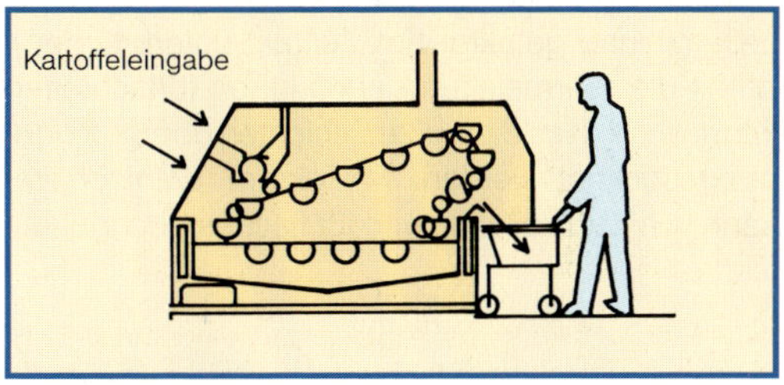

Frittierautomat
Er ist auch geeignet für panierte Fleisch- und Fischstücke sowie für Fettgebäck.

6.2.10 Mikrowellengeräte

Mikrowellen[1] dringen tief in wasserhaltiges Kochgut ein und erhitzen es von innen. Dadurch unterscheiden sich Mikrowellengeräte grundlegend von den üblichen Kochgeräten, die Wärme an das Kochgut durch Wärmeleitung heranführen. Hineingestellte Kochgefäße erwärmen sich nur insoweit, als das heiß gewordene Kochgut Wärme abgibt.

1 Wellenlänge 12,25 cm ≙ 2450 MHz

Die im *Magnetron* erzeugten Mikrowellen gelangen durch den Wellenleiter (Rechteck-Hohlleiter) zum *Wellenrührer* (Reflektorflügel), der sie reflektiert und streut; dann treten sie durch eine wellendurchlässige Abdeckplatte in den Garraum ein. Im Garraum steht das Kochgut auf einer Bodenplatte aus Glas oder Keramik, die über eine Bodennische gelegt ist. Die Seitenwände des Garraumes und die Bodennische sind aus Metall, das auftreffende Mikrowellen reflektiert und dem Kochgut zuführt.

Glas und Keramik sowie die meisten Kunststoffe werden von den Mikrowellen fast verlustlos durchdrungen, z. B. die Bodenplatte und das Kochgefäß. Erst im Kochgut selbst werden die Mikrowellen von Wasser (oder anderen Stoffen mit Dipoleigenschaften) absorbiert und dabei wird die Energie der Mikrowellen in Wärme umgewandelt. Mikrowellengeräte sind mit einer *Türsicherung* ausgerüstet, die beim Öffnen der Tür das Magnetron ausschaltet; sie verhindert, dass der Mensch den Mikrowellen ausgesetzt wird.

Flaches Kochgut wird durch absorbierte Mikrowellen in kürzester Zeit gegart. Da mit zunehmender Eindringtiefe die Mikrowellenintensität abnimmt, kann *großvolumiges Kochgut* nur langsam über Wärmeleitung bis in seinen innersten Kern erwärmt werden. Die Zufuhr der Mikrowellen wird bei Langzeiterhitzung getaktet (im Zeittakt unterbrochen), damit die Wärmeleitung nach innen fortschreiten kann, ohne dass die Außenschichten übergart oder ausgetrocknet werden. Mit einem *Wahlschalter* kann von *Kurzzeiterhitzung* für flaches Kochgut auf *getaktete Langzeiterhitzung* (Auftau- oder Fortkochautomatik) umgeschaltet werden.

In der Gastronomie sind Mikrowellengeräte – auch als **Kombigeräte** mit Infrarotstrahlern zur Erzielung einer Bräunung – außerordentlich nützlich, da vorbereitete Einzelportionen sehr rasch auf Verzehrtemperatur gebracht werden können. Für diesen Zweck werden robuste Geräte in Edelstahlausführung mit zwei Magnetrons (von oben und unten einstrahlend) und bis zu dreifachem Anschlusswert von Kleinhaushaltgeräten angeboten, d. h. mit etwa 2000 W Leistungsabgabe.

Mikrowellengeräte sind zum *Auftauen von Tiefkühlkost* und *zum Erwärmen vorgefertigter Gerichte*, die zur Auswahl bereitstehen, sehr gut geeignet, aber trotz kurzer Erhitzungsdauer nur für kleinere Betriebe (bis 100 Essen) geeignet.

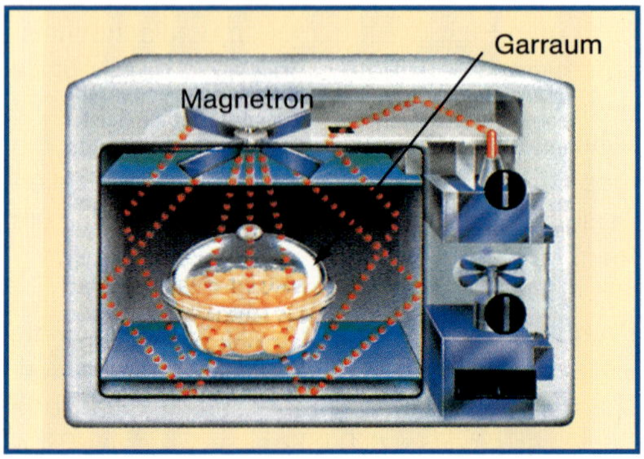

Mikrowellengerät, Prinzipienaufbau

7 Warmhalten und Transport

7.1 Problematik des Warmhaltens

Beim Warmhalten von Speisen können sich nachteilige Wirkungen ergeben:

- Vitamine können durch das Zusammenspiel von Luftsauerstoff und Wärme zerstört und damit unwirksam gemacht werden.
- Aussehen, Geschmack und Konsistenz der Speisen können sich verändern (Eintrocknen, Verfärben, Weichwerden, Aromaverlust).
- Krankheitserreger können sich in den Speisen vermehren und zu Lebensmittelvergiftungen führen.

Die meisten der Mikroorganismen, die für den Menschen krankheitserregend sind, haben ihr Wachstumsoptimum im Temperaturbereich zwischen 15 und 45 °C. Beim Garen der Speisen werden solche eventuell vorhandenen Mikroorganismen im Allgemeinen abgetötet. Aber beim Warmhalten können aus der *Luft*, aus den *Gefäßen* oder über das *Bedienungspersonal* weitere Mikroorganismen an die Speisen gelangen, die dann optimale Wachstumsbedingungen vorfinden (Nährstoffe, Feuchtigkeit, Wärme) und sich sehr schnell vermehren. Dabei werden insbesondere eiweißreiche Lebensmittel zersetzt und giftige Abbauprodukte gebildet, die zu Bauchschmerzen, Brechdurchfällen und Fieber führen können (z. B. Salmonellen-Enteritis).

Wenn **Warmhaltezeiten** nicht zu vermeiden sind, sollten sie möglichst kurz gehalten werden. Dieses gilt sowohl für das geplante Warmhalten als auch für das langsame Abkühlen von Speisen zwischen dem Zeitpunkt der Herstellung und der Speisenausgabe (s. auch Lebensmittelhygiene Kap. 11.4).

Zum **Warmhalten an der Speisenausgabe** sollten wärmeisolierte und nachheizbare Gefäße eingesetzt werden, damit die Lagertemperatur nicht unter 60 °C sinkt (die meisten Mikroorganismen werden ab 65 °C in ihrer Entwicklung gehemmt, teilweise auch abgetötet). Die Ausgabegefäße müssen sehr sauber gehalten werden und sollten nur mit Speisen gefüllt werden, die auch zum Warmhalten geeignet sind.

Das absichtliche **Abkühlen warmer Speisen** auf Kühltemperatur (+5 °C) muss *möglichst rasch erfolgen*; es darf *höchstens zwei Stunden* dauern.

Dabei ist zu bedenken:

- Je größer die Speisenmenge und je höher die Viskosität (Zähflüssigkeit), desto länger die Kühlzeit. *Aufteilen* des Kühlgutes verkürzt die Kühlzeit, aber es macht Arbeit und erhöht den Platzbedarf im Kühlraum.
- „*Bewegte Kühlung*" mit starker Luftzirkulation oder im fließenden Kaltwasser ist wirksamer als „stille Kühlung"; die Kühlzeit kann durch bewegte Kühlung auf die Hälfte verkürzt werden.
- *Bewegung im Kühlgut* durch Umrühren und Abschaben von den Wänden beschleunigt ebenfalls die Wärmeabgabe. Vorteilhaft sind motorgetriebene Rühr- und Schabgeräte, denn das Umrühren von Hand wird leicht vergessen.

In der Großküche sind zur Vorkühlung warmer Speisen folgende Einrichtungen vorzusehen:

Wasserbad mit Kaltwasserzufluss und Standrohr zum Abfließen des Kühlwassers. Dieses Wasserbad dient nach der Mahlzeit dem Vorkühlen der Speisereste, die anschließend im Kühlschrank oder im Kühlraum aufbewahrt werden (Wasserbad zum Warmhalten der Speisen s. Kap. 7.3).

Rückkühlkessel mit Rührwerk: Mit Heißwasser zwischen der doppelten Kesselwand dient er zum Kochen, mit zirkulierendem Kaltwasser zum Kühlen, z. B. von Kompott und Milch.

Spezialkühlschränke, die beim Cook-and-Chill-Verfahren eingesetzt werden (s. Kap. 5.2.2.), sind in der Lage innerhalb von 20 bis 90 Minuten vorgefertigte Gerichte auf eine Temperatur von 3 °C herabzukühlen.

7.2 Warmhaltegeschirr

Kurzfristiges Warmhalten bereits portionierter Speisen auf dem Transport zu dezentralen Ausgabestellen (meist in Verbindung mit dem Tablettverteilsystem) ist mit **Warmhaltesets** oder **Isoliertabletts** möglich. Warmhaltesets bestehen aus einem Unterteil, in das der Teller oder die Menüplatte eingestellt wird, und einer Abdeckhaube (Cloche). Beide können aus Kunststoff oder aus Edelstahl (aufheizbar) sein und das Unterteil kann zusätzlich mit einem losen oder eingebauten Wärmespeicher (Pellet) ausgestattet sein.

Isoliertabletts sind dazu geeignet, mehrere Menükomponenten getrennt zu fassen und warm oder kalt zu halten. Dazu haben diese Tabletts abgetrennte Fächer, in die Porzellangeschirrteile oder auch Einweggeschirr eingestellt werden können, und eine Abdeckung über das ganze Tablett oder große Teile des Tabletts hinweg.

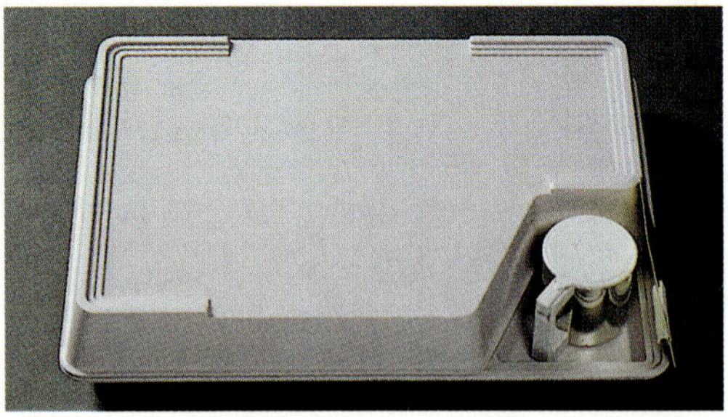

Zwei Varianten von Warmhalte-Menü-Sets. Unterteil mit integriertem Heizkern, der aufgeheizt portionierte Speisen ca. 1 Stunde bis 65 °C warm halten kann (Portioniertemperatur von ca. 85 ° bis 90 °C vorausgesetzt).

7.3 Warmhaltegeräte

Das **Wärmebad** (Bain-Marie; Abb. s. S. 68) ist geeignet, „dicke Speisen“ wie gebundene Suppen, Soßen und Beilagen warm zu halten, ohne dass sie am Topfboden anhängen oder an der Oberfläche Haut ansetzen. Es ist zwar wegen der Nährwertmin-derung von allzu langem Warmhalten abzuraten, aber in der Großküche muss für Stoßzeiten immer ein gewisser Vorrat bereitgehalten werden. Mit Kaltwasserdurchfluss kann ein Bain-Marie auch zum Kühlen verwendet werden (s. Abb. S. 69).

Im **Wärmeschrank** mit gelochten Einlegeböden wird das Serviergeschirr für Warmverpflegung vorgewärmt; die mit Schiebetüren vorgesehene **Wärmeanrichte** ist von beiden Seiten zugänglich. In speziellen **Tellerwärmern** werden gestapelte Teller durch Federkraft auf Abnehmhöhe gehoben. Über der Speisenausgabe installierte Infrarotstrahler bilden eine **Wärmebrücke**, die je nach Bedarf eingeschaltet werden kann.

Heizbare Speiseausgabewagen werden eingesetzt, wenn abseits gelegene Essplätze zu versorgen sind, z. B. im Krankenhaus. Oben können Gastro-Norm-Gefäße eingesetzt werden, im Unterteil ist Platz für Tabletts (im Krankenhaus Euro-Norm-Tabletts, 53 × 37 cm).

Ein **Thermoport** für heiße oder kalte Speisen kann ein komplettes Menü für 25 Personen fassen. Dazu werden nach Bedarf verschieden große Gastro-Norm-Behälter eingesetzt. Das Aufheizen kann an jeder Schuko-Steckdose erfolgen; die eingefüllten Speisen werden ohne Wärmeverlust transportiert. Zum Transport von Kaltspeisen oder Frischfleisch kann auch eine auf −18 °C gekühlte Platte eingeschoben werden. Auf fahrbaren Gestellen lassen sich ein bis drei Thermoportgefäße aufeinander stapeln und auch auf ebenem Boden fahren; über Treppen werden die Gefäße getragen.

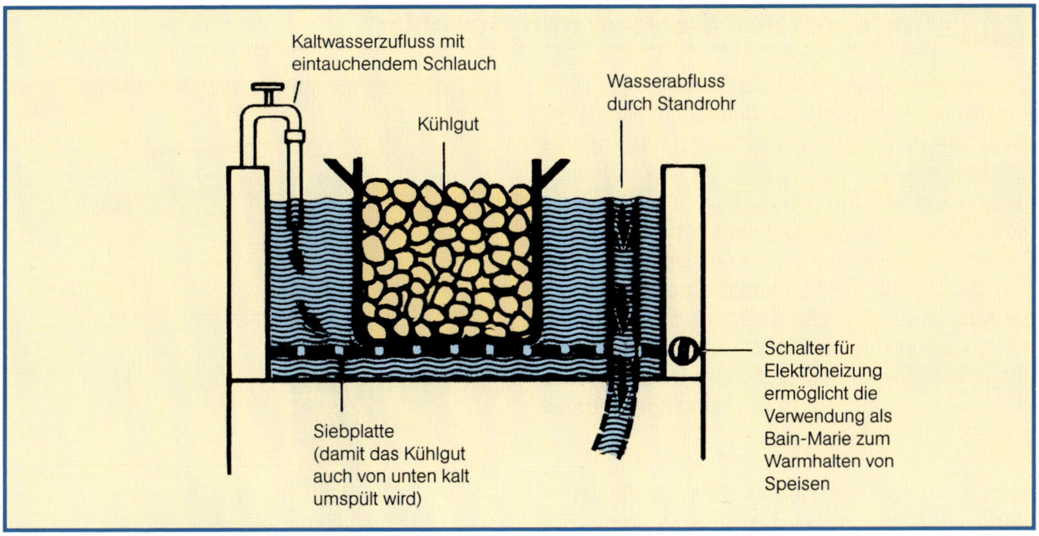

Wasserbad oder Bain-Marie:
Mit Kaltwasserdurchfluss zum Kühlen, mit stehendem Heißwasser (Heizung eingeschaltet) zum Warmhalten von Speisen

Mehrere Thermoports, zusammengestellt und kombiniert mit Transportband, Tellerspender, Besteck und Tablettwagen, ergeben ein komplettes Ausgabesystem.

Menüschalen mit dem fertig portionierten Menü, gestapelt in **Styroporkästen** (Polystyrol), werden z. B. bei Essen auf Rädern eingesetzt.

Diese Styroporverpackungen werden mehrfach eingesetzt; ihre Entsorgung ist jedoch umweltbelastend (s. Kap. 9.2).

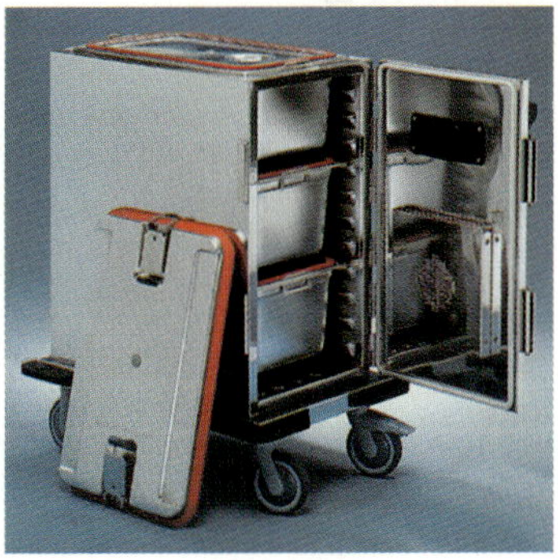

Thermoport: Einzelnes Transportgefäß

Thermoport-Ausgabesystem: Mehrere Transportgefäße, nebeneinander aufgestellt, mit Transportband, Tellerspender und Tablettwagen zu einem kompletten Ausgabesystem kombiniert

7.4 Transport von Speisen und Geschirr

Der Transportaufwand für die Speisen ist je nach Verpflegungssystem sehr unterschiedlich. Wird direkt an den Gast ausgegeben, müssen die Speisen nur von der Küche an die Ausgabe transportiert werden, bevor der Gast sie übernimmt. Die Speisen werden hier meistens in den Gastro-Norm-Behältern, in denen sie gegart wurden, auf Wagen an die Ausgabe gebracht. Liegt die Ausgabestelle weiter entfernt von der Küche, dann müssen Thermoports oder heizbare Speiseausgabewagen eingesetzt werden, vorausgesetzt die Speisen werden in Sammelportionen transportiert.

Beim Transport von bereits fertig portionierten Menüs (z. B. auf die einzelnen Stationen eines Krankenhauses) werden Tablettwagen eingesetzt. Wird das Essen an einzelne Verbraucher im Stadtgebiet ausgegeben („Essen auf Rädern") und sind die Transportwege somit länger, dann ist auf besonders gute Isolierung der Einzelmenüs zu achten.

Tablettwagen mit Flügeltüren

Für den Transport des Geschirrs und des Besteckes gibt es eine Vielzahl von Geräten. Meistens werden diese Geräte gleichzeitig auch zum Bereithalten und Warmhalten des Geschirrs an der Speisenausgabe oder auch zur Aufbewahrung des Geschirrs eingesetzt (s. Kap 7.3). Für Teller und Platten gibt es **Röhrenspender**. In ihnen sind die Teller gestapelt und werden warm gehalten. Der Tellerstapel wird mit der Entnahme der Teller regelmäßig nach oben geschoben, sodass die Entnahmehöhe für die Arbeitskraft immer gleich bleibt. Tassen und Gläser werden in **Korbspendern** gelagert, Tabletts in **Tablett-Transportwagen.**

Röhrenspender

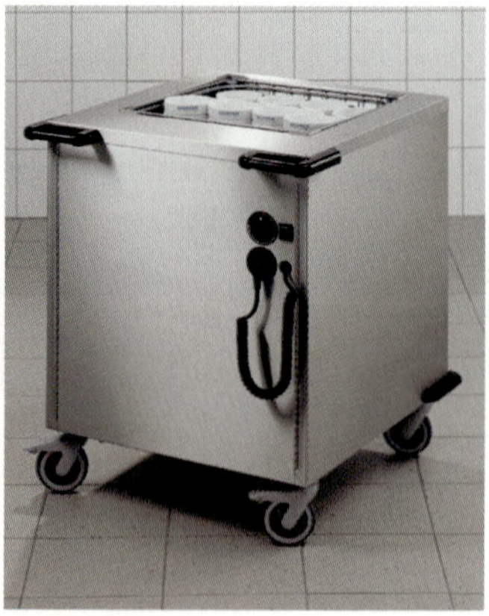

Korbspender

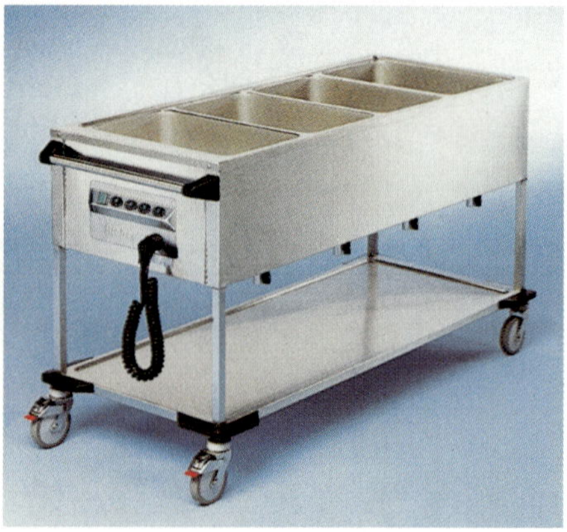

Heizbarer Speisentransportwagen

8 Speisenausgabe

8.1 Allgemeine Anforderungen

Über die Speisenausgabe kommen die fertigen Speisen in den Speisesaal. Dieses Verbindungsglied zwischen Küche und Speisesaal ist der neuralgische Punkt jeder Großküchenverpflegung. Hier entscheidet es sich, ob das Essen ohne Qualitätseinbuße an den Gast gelangt und ob der Gast es mit Appetit verzehren wird. Ein guter Überblick über das Speisenangebot sowie Sauberkeit, Schnelligkeit und Sorgfalt im Anrichten sind die wichtigsten Voraussetzungen.

1. Der **Ausgaberaum** muss Sauberkeit ausstrahlen und soll möglichst frei von Kochgerüchen und Küchenlärm sein. Die Theke muss sauber, ordentlich und übersichtlich sein; die Esstische sind laufend zu kontrollieren, Schmutzgeschirr darf nicht herumstehen.

2. **Geschirr und Besteck** müssen sauber sein und sollten nicht mit Rissen, Sprüngen oder sonstigen Schäden behaftet sein.

3. **Das Personal** muss höflich und bestimmt auftreten, auf die Wünsche der Gäste eingehen, ohne einzelne Gäste zu bevorzugen oder zu benachteiligen. Auf saubere Kleidung und saubere Hände ist zu achten. Keine Speise sollte vor den Augen des Gastes mit den Händen berührt werden; es wird grundsätzlich nur mit Geräten angerichtet.

4. **Die Speisentemperatur** muss während längerer Ausgabezeiten laufend überprüft werden; gegebenenfalls sind die Wärmebehälter nachzuheizen oder die abgekühlten Speisen sind gegen frisch-heiße auszutauschen. Es ist auch darauf zu achten, dass Warmgerichte möglichst heiß und Kaltgerichte wirklich kalt (und nicht beide lauwarm) serviert werden. Teller, Platten und Schüsseln für warme Speisen sind vorzuwärmen.

5. **Gute Organisation** an der Ausgabetheke ist wichtig: Die Wege und Griffe des Personals dürfen sich nicht kreuzen und jeder muss genau wissen, wofür er zuständig ist und was er zu tun hat. Rasches und ungehindertes Arbeiten des Personals verhindert Qualitätseinbußen der Speisen und vermeidet unnötig lange Wartezeiten der Gäste.

8.2 Einzel-/Sammelportionen, Bedienung/Selbstbedienung

Die verschiedenen Ausgabesysteme lassen sich nach Art der Ausgabe (Einzelportionen oder Sammelportionen) unterscheiden und danach, ob bedient oder Selbstbedienung angeboten wird.

Einzelportionen erfordern einen höheren Arbeitsaufwand bei der Vorportionierung und Ausgabe, sind aber überall einsetzbar.

Sammelportionen in großen Schüsseln, Platten und Kannen mit Bedienung oder Selbstabholung sind weniger arbeitsaufwendig, bieten eine freie Wahl der Essensmenge und tragen zu weniger Lebensmittelabfall bei. Sie setzen aber voraus, dass eine Tischgemeinschaft besteht, in der die Teilnehmer gleichzeitig zum Essen kommen und Rücksicht aufeinander nehmen.

Bei **Bedienung** am Tisch muss genügend Bedienungspersonal verfügbar sein. Das Küchenpersonal kommt für die Bedienung am Tisch nicht infrage: Es muss laufend für den Nachschub von der Küche zur Ausgabetheke sorgen und dort die Verteilung übernehmen.

Selbstbedienung wird heute bevorzugt: Die Ausgabe geht schneller und der Gast kann bei geeignetem Ausgabesystem auf die Portionsgröße und auf die Auswahl von Menükomponenten direkt Einfluss nehmen. Eine Selbstbedienungsanlage, an der Hunderte oder gar Tausende von Gästen ihr Essen abholen, muss gut durchdacht und organisiert sein, wenn Stockungen und Stauungen vermieden werden sollen.

An der Speisenausgabe mit Selbstbedienung muss der Verkehr gleichmäßig fließen. Das heißt:

- Der **Gast muss orientiert** sein: Unwissenheit und Unentschlossenheit des Gastes hemmen den Durchgang. Die zur Wahl bereitgehaltenen Gerichte sind auf der *Tagesspeisekarte* anzuzeigen. Weithin sichtbare Schilder leiten den Gast zu den entsprechenden *Ausgabestellen* (z. B. Essen A, Essen B, Diät). Sonderwünsche werden an *Sondertheken* (für Getränke, Kaffee, Kuchen usw.) erfüllt, da diese Ausgabestellen nicht von allen Gästen aufgesucht werden, kann hier mit größerer Ruhe gewählt werden.

- Der **Durchgang muss organisiert sein**: Die Durchgangsrichtung wird unauffällig aufgezwungen, sodass der Gast an allen Ausgabestellen vorbeikommt und sich nach Belieben versorgen kann. Gegenverkehr ist durch Grenzziehung zu regeln, Kreuzverkehr möglichst auszuschließen. Der bewegliche Verkehr braucht mindestens 1 m Durchgangsbreite (Ellenbogenfreiheit).

- Die **Bezahlung soll bargeldlos erfolgen**. Das Geldwechselgeschäft ist zeitraubend und begrenzt oft die Leistungsfähigkeit einer Ausgabestelle. Mit Bons (Marken oder Markenabschnitten) geht der Wechselbetrieb rascher und leichter vonstatten. Zum Bezahlen mit Geld müsste der Gast beide Hände frei haben.

Beispiel einer Speisenausgabe

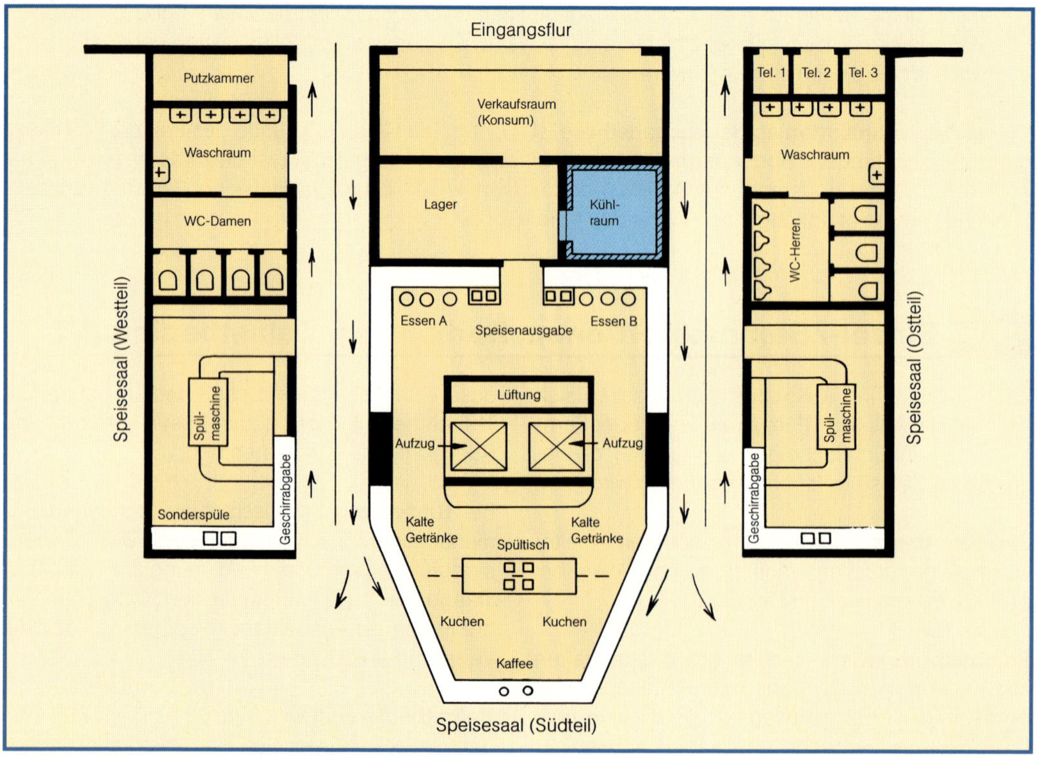

Zentrale Speisenaugabe (für 3000 Essen)

Bei dieser Selbstbedienung (vgl. Abb. S. 72) an einer zentralen Speisenausgabe sind Zugang und Abgang der Tischgäste wohl durchdacht und geregelt.

1. Der Gast wird gezwungen, vor Eintritt in den Selbstbedienungsgang sich für **Essen A** oder **Essen B** zu entscheiden.

2. **Getränke** oder **Kuchen** kann er anschließend gleich mitnehmen oder zuerst seinen Platz im Speisesaal aufsuchen und sich später damit versorgen.

3. Beim Hinausgehen wird der Gast gezwungen, an der **Geschirrabgabe** vorbeizugehen.

4. Die Speisenausgabe wird aus der unter dem Speisesaal liegenden Küche mit **Aufzügen** versorgt.

5. Eine zentrale **Entlüftung** sorgt für den Abzug der Essensgerüche.

6. Im Lager- und Kühlraum können **kalte Speisen** und **Vorräte** für den Verkaufsraum, für Getränke- und Kuchenausgabe bereitgehalten werden (große Vorratsräume befinden sich im Untergeschoss in unmittelbarer Nachbarschaft zur Küche).

8.3 Ausgabeeinrichtungen

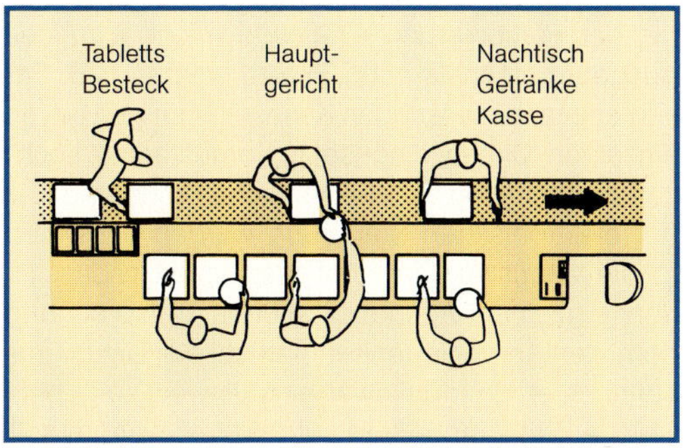

Flache Ausgabetheke

Hier werden einheitliche oder individuelle Menüs in direktem Kontakt zwischen Gast und Ausgabepersonal portioniert. Das bietet die Möglichkeit, spezielle Wünsche des Gastes bezüglich Portionsgröße und Komponenten zu berücksichtigen.

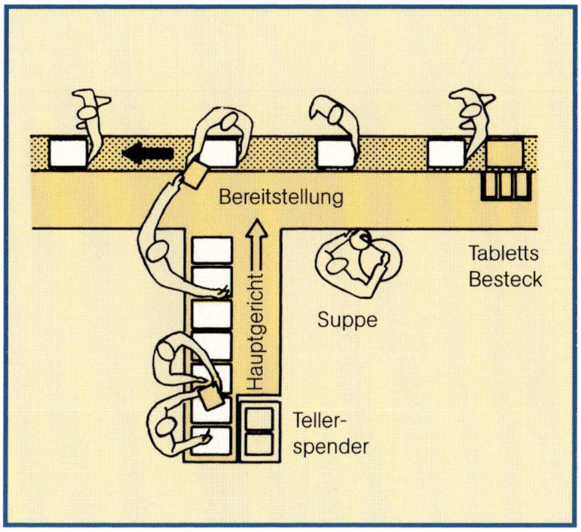

Tiefe Ausgabentheke

Einheitliche Einzelmenüs werden vorportioniert und auf einem Abnahmeband bereitgestellt. Der Gast hat keinen Einfluss auf die Portionsgröße oder einzelne Komponenten.

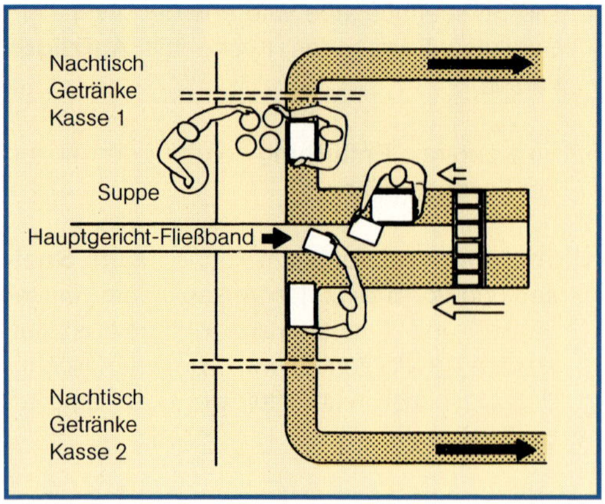

Fließbandausgabe

Die Fließbandausgabe ist eine Weiterentwicklung der tiefen Ausgabetheke mit höherer Ausgabegeschwindigkeit aufgrund stärkerer Arbeitsteilung. Hier wird einheitliche Verpflegung am Fließband portioniert, der Gast hat also keinen Einfluss auf Portionsgröße und Komponentenwahl.

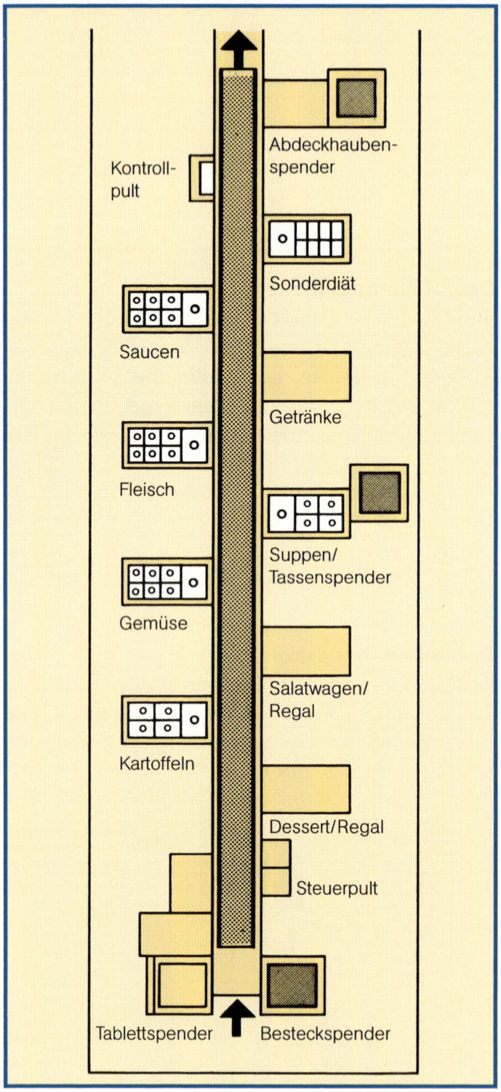

Tablettsystem

Individuelle Menüs werden vorportioniert, z. B. spezielle Diätzusammenstellung für jeden Patienten in Krankenhausküchen. Das geschieht an einem Fließband mit mehreren Ausgabestationen in der Zentralküche. Anschließend werden die Tabletts im Tablettwagen zu den Stationen gebracht und dort ausgegeben.

Damit dieses System reibungslos funktioniert, ist bei der Portionierung eine gute Information des Ausgabepersonals nötig. Hierzu werden z. B. Patientenkarten mit farbigen Kennzeichnungen für die einzelnen Diäten eingesetzt, vorgestanzte Lochkarten oder auch die elektronische Steuerung. Bei der elektronischen Steuerung werden die Daten für die Menüs im Computer gespeichert, sodass an den einzelnen Ausgabestationen entsprechend dem gerade vorliegenden Tablett ein Lichtsignal aufleuchtet, um den jeweiligen Hinweis zu geben, welche Diätkomponente aufgetragen werden soll.

Free-Flow-System

Das Free-Flow-System bietet an mehreren Theken freie Auswahl der Menükomponenten und ist ein Mischsystem von Komponentenwahl und Direktportionierung. Die einzelnen Theken sind auf bestimmte Produkte spezialisiert (Theken für verschiedene Fleischgerichte, Salattheke, Dessertheke u. a.). Der Gast kann sich frei zwischen den Theken bewegen und auswählen und zahlt dann an der Kasse.

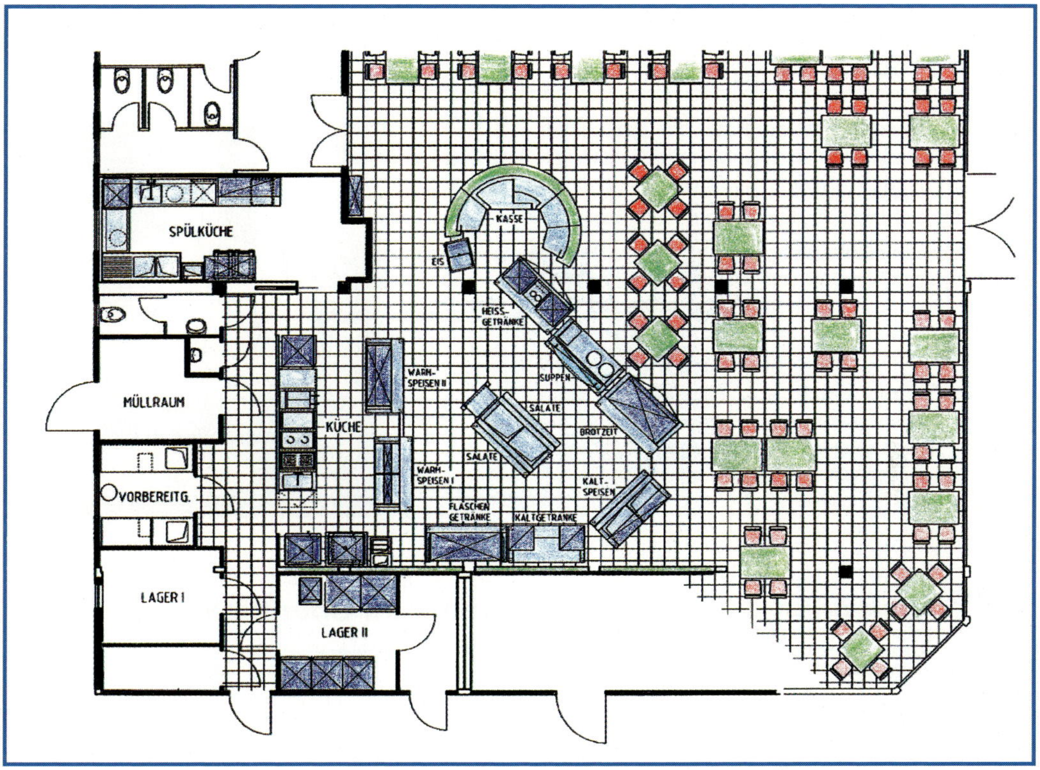

Cafeteriaausgabe

In Verkaufstheken werden verzehrfertige Speisen oder Speisekomponenten bereits portioniert dem Gast sichtbar angeboten. Der Gast entnimmt sich die gewünschten Produkte und zahlt an der nachgeordneten Kasse.

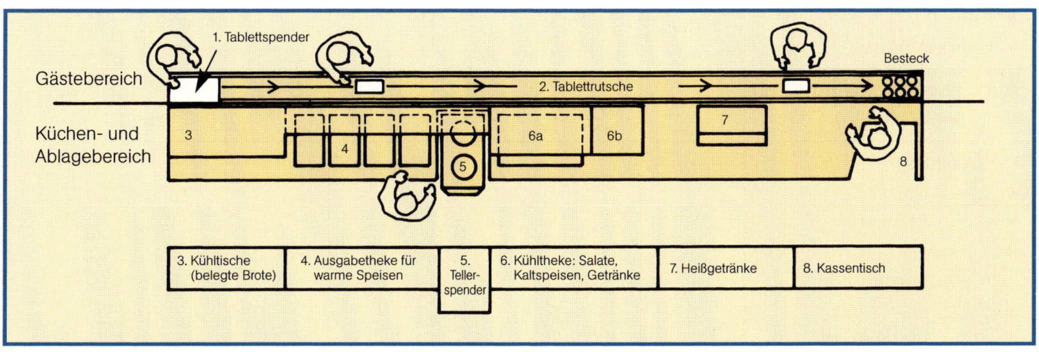

Cafeteriaausgabe: Vom Tablettspender (1) nimmt der Gast sich ein Tablett und lässt es auf der Tablettrutsche (2) mitgehen. Am Kühltisch (3), an der Kühltheke (6b) und an der Heißgetränkeausgabe (7) bedient sich der Gast selbst. Warme Speisen (4) sowie offene Getränke oder Kaltspeisen (6a) sind hinter einer Glaswand zu sehen und werden vom Personal ausgegeben. Bezahlt wird am Kassentisch (8) und zuletzt wird Besteck (9) aufgenommen.

Automatenausgabe

Getränke (heiß/kalt, Flaschen, Dosen, Becher), Kaltgerichte und auch ganze Menüs, die anschließend in Mikrowellengeräten erwärmt werden, können über Automaten ausgegeben werden. Mit dieser Ausgabeform ist eine Versorgung auch dann möglich, wenn Personalknappheit besteht (z. B. in der Nachtschicht) und die Anzahl der Essensteilnehmer gering ist. Geschirr und Besteck sind hier meistens Einwegware.

8.4 Frontcooking

Beim Frontcooking stellt der Koch das Gericht vor den Augen des Gastes her. Dabei kann er die persönlichen Wünsche des Gastes berücksichtigen und den Gast beraten. Diese Form der Speisenherstellung und -ausgabe stellt hohe Anforderungen an die handwerklichen und kommunikativen Fähigkeiten des Koches und setzt schnelles, absolut sauberes und gut geplantes Arbeiten voraus. Der automatische Nachschub aus der Küche muss gesichert sein. Geeignet ist diese Form der Ausgabe nur für schnell herzustellende Gerichte, sie bietet dem Gast aber ein besonderes Erlebnis und entspricht damit dem Trend zur Erlebnisgastronomie.

Frontcooking

8.5 Anwendung der Ausgabesysteme im Überblick

Ausgabesysteme	Bedienung		Selbstbedienung				
	Kellnerbedienung	Wärmewagen	flache Theke	Fließband	Cafeteria	Free-Flow-Theke	Frontcooking
Anwendungsbereich:							
▪ Restaurant	×						×
▪ Personalverpflegung			×		×	×	×
▪ Kantine				×	×	×	×
▪ Mensa				×	×	×	
▪ Krankenhaus		×		×			
Ausgabegeschwindigkeit (Portionen/Minute)			5–8	10–15	8–12	5–8 je Theke	0,3
Beurteilung							
▪ hoher Komfort	×						
▪ große Auswahl	×				×	×	
▪ Kontakt zu Ausgabepersonal		×	×		×	×	×
▪ personalintensiv	×	×		1	×		×
▪ hoher Platzbedarf			×			×	×
▪ Wartezeiten möglich	×	×			×		×

1 Das Fließband muss zu Ausgabezeiten immer mit dem vollen Personalstand besetzt sein.

8.6 Bezahlungssysteme

Für die Bezahlung des Essens gibt es unterschiedliche Systeme. Anforderungen an ein **gutes Zahlungs- und Abrechnungssystem** sind:

- geringer Zeitaufwand
- geringer Personalaufwand
- geringer Raumbedarf
- wertgerechte Bezahlung unterschiedlicher Menüs
- Lieferung von Informationen zur Planung der Essensmengen

Es gibt vier grundlegende **Zahlungsformen**:

Pauschalbetrag **1**	**Wertmarken, Chips, Streifenkarten** **2**	**Gutschriften- bzw. Geldkarte, Kreditkarte, Ausweisleser 3**	**Barzahlung** **4**
nicht immer wertgerecht	beschränkt wertgerecht	wertgerechte Bezahlung	
beschränkte Wahlmöglichkeit unter wertgleichen Menüs	Wahlmöglichkeit unter wertverschiedenen Menüs oder wertgleichen Komponenten	freie Wahl wertverschiedener Komponenten	
Vorausbezahlung (monatlich, wöchentlich) oder Abbuchung vom Lohn kein Ersatz von Ausfalltagen geringster Arbeitsaufwand	Vorausbezahlung durch Kauf von Wertmarken, Chips oder Streifenkarten Aufwand bei Menüwahl gering (eine Wertmarke abgeben), bei Komponentenauswahl höher	Vorausbezahlung durch Kauf einer Gutschriftenkarte bzw. Abbuchung vom Lohn bei Kreditkarte oder Ausweisleser Aufwand relativ gering	Bezahlung am Ende der Ausgabe oder bei Verlassen des Speisesaales Aufwand sehr hoch

Die Zahlsysteme 1 und 2 erlauben *rasche Essensausgabe*: 12 bis 18 Essen je Minute, während bei den anderen Systemen nur 5 bis 9 Essen je Minute ausgegeben werden können.

Bei der Zahlungsform nach einem Pauschalbetrag ist kein *Personal* zur Entgegennahme der Zahlungsmittel erforderlich. Für die Zahlungssysteme 2 und 3 wird jeweils eine Person und für das Zahlungssystem 4 werden zwei Personen zum Kassieren benötigt.

Ohne zusätzlichen *Raumbedarf* erfolgt die Abrechnung bei 2 innerhalb der Ausgabelinie; die übrigen Systeme brauchen zusätzlichen Raum für die Kasse (8 bis 10 m²).

Die *Zählung* der ausgegebenen Essen ist bei System 2 am günstigsten: Die abgegebenen Wertmarken oder Chips können automatisch ausgezählt werden. Damit lässt sich die Zahl der ausgegebenen Essen eindeutig und rasch bestimmen.

Selbstbedienungsautomaten ermöglichen den Kauf von Essensmarken und Menüvorbestellungen.

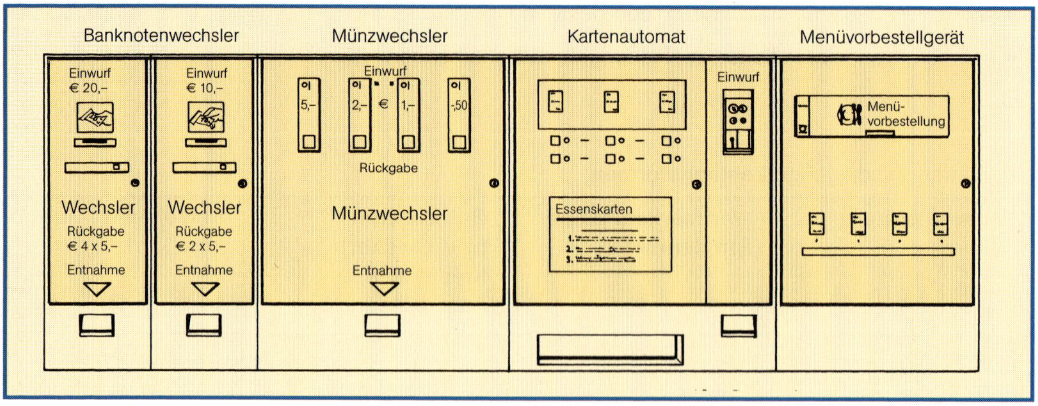

9 Geschirrumsatz und Geschirrreinigung

9.1 Geschirrkreislauf

Ein flüssiger Ablauf im Geschirrkreislauf ist für die reibungslose Essensausgabe sehr wichtig. Nach der Essensausgabe mit Selbstbedienung nimmt der Gast sein Geschirr mit in den Speisesaal und bringt es dann selbst wieder in die Geschirrrückgabe zurück. Die **Selbstrückgabe** des Geschirrs funktioniert nur dann vollkommen, wenn der Gast gezwungen wird, auf dem Wege zum Saalausgang die Geschirrrückgabe zu passieren. Wegen der Geschirrnachlieferung muss die Spülküche in der Nähe der Ausgabetheke liegen. Wegkreuzungen lassen sich dabei nicht immer vermeiden. Gegebenenfalls kann eine **Geschirrumlaufanlage** (Paternosterwerk) den Durchgang unterirdisch queren.

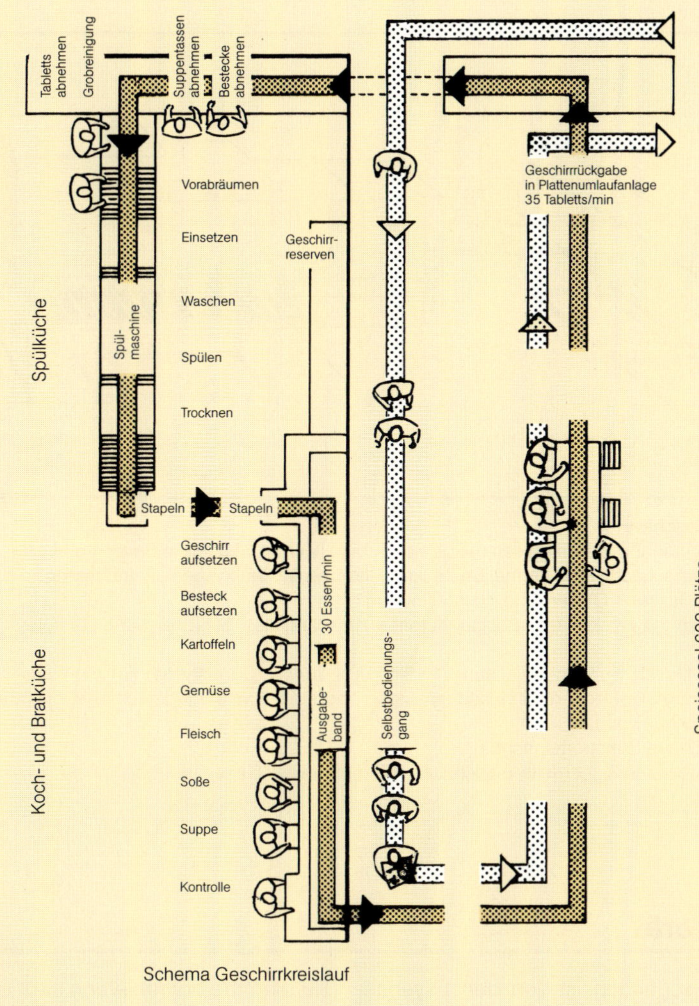

Geschirrkreislauf (Mensa der Technischen Hochschule Braunschweig)

Im **Küchenbereich** durchläuft das Geschirr folgende Stationen:

a) Schmutzgeschirrabgabe/Annahme
b) Vorsortierung
c) Beschickung der Spülanlage
d) Reinigung und Trocknung
e) Entnahme des sauberen Geschirrs
f) Wiederbereitstellung des Geschirrs

Für alle Funktionsbereiche muss ausreichend Platz und Personal zur Verfügung stehen, damit *keine Engpässe* entstehen. Die Schmutzgeschirrannahme muss leicht sauber zu halten sein und eine Möglichkeit zur Entsorgung von Speisenabfällen bieten. Die Vorsortierung ist zwar ein personalintensiver Bereich, aber sorgfältiges Sortieren erleichtert das Spülen erheblich. Die Beschickung der Spülmaschine sollte mit möglichst wenig Hebe- und Tragearbeit in einem reibungslosen Ablauf geschehen. Bei der Entnahme sollte Umstapeln vermieden werden. Gläser und Tassen können im Spülkorb bleiben und so auf Geschirrtransportwagen verladen werden, Teller und schwere Geschirrteile werden gestapelt auf den Transportwagen geladen. Die Wiederbereitstellung ist optimal organisiert, wenn unmittelbar nach der Entnahme das Geschirr zur Ausgabe transportiert werden kann. Der Transport kann auch in Wärmewagen geschehen. Funktioniert der Geschirrkreislauf ohne Stockungen, so kann die erforderliche Geschirrmenge in einem Betrieb mit Schichtessen relativ gering gehalten werden.

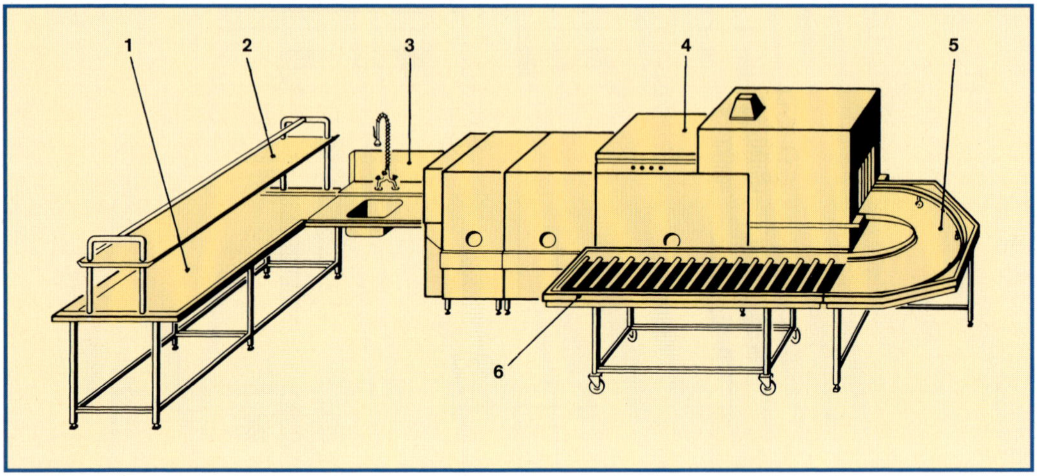

Korb-Transport-Maschine

(1) Schmutzgeschirrannahme. Sortiertisch mit großen Arbeitsflächen. In diesem Bereich gibt es nach Bedarf noch die Möglichkeit, Abfallschacht, Abfalltonne, Besteckrutsche und Besteckwagen zu integrieren.
(2) Aufsatzregal für Tassen-, Gläser- und Kleinteilekörbe.
(3) Verbindungstisch mit Becken und Schlauchbrause zur manuellen Vorabräumung stark verschmutzter Geschirrteile.
(4) Korb-Transport-Maschine. Stundenleistung: 262,5 Körbe bzw. 4200 Teller. Mit Funktionsbereichen: Frischwasservorabräumung, zwei Spülzonen, eine Nachspülzone und eine Wrasenniederschlagseinrichtung mit energiesparender Wärmerückgewinnung.
(5) Kurventisch 180° mit Transporteinrichtung.
(6) Rollentisch, fahrbar, mit Sicherheits-Einschalter – Entnahme der Geschirrkörbe.

9.2 Essgerät

Der Bedarf an Essgeräten ist von den Essensgewohnheiten und von den Ausgabesystemen abhängig.

Bei *Sammelportionierung* sind entsprechend der Personenzahl an einem Tisch größere Schüsseln, Platten, Kannen und Vorlagebesteck erforderlich.

Teller, Tassen, Gläser und Essbestecke gehören zur Grundausstattung und werden vor der Mahlzeit auf dem Tisch bereitgestellt.

Bei *Einzelportionierung* werden die Essenskomponenten auf einem **Tablett** zusammengestellt. Für die Warmkomponenten des Hauptessens verwendet man bei Vorportionierung unterteilte Essplatten oder **Kabaretts**, deren Trennrippen verhindern, dass die im Voraus angerichteten Speisen ineinander fließen. Bei Direktportionierung können die Warmkomponenten auch auf einem **Teller** ohne Unterteilung ausgegeben werden. Auf dem Tablett muss neben dem Teller oder Kabarett genügend Platz sein für frei zu wählende Komponenten: **Schälchen** für Suppe, Salat, Nachspeise und Platz für **Besteck**, **Serviette** und **Getränk**. Rastergeschirre (eckig) sind besonders tablettfreundlich, gut stapelbares Geschirr erleichtert Aufbewahrung und Bereitstellung der Geschirrteile.

Gastro-Norm-Tabletts (53 × 32,5 cm) bieten Platz für einen Teller, drei Schälchen, Besteck mit Serviette und ein Trinkgefäß. Krankenhausverpflegung in Warmhaltegeschirr erfordert jedoch mehr Platz; hier werden *Euro-Norm-Tabletts* (53 × 37 cm) bevorzugt. Zu bedenken ist, dass normabhängige Geräte und Anlagen wie Tablettspender, Verteilbänder und Transportwagen der Tablettgröße entsprechen müssen. Auch die Tischgröße ist auf die Tablettgröße abzustimmen: Für vier Gastro-Norm-Tabletts beträgt die Tischgröße 120 × 70 cm, für vier Euro-Norm-Tabletts 120 × 80 cm.

Als **Geschirrmaterial** kommen infrage: Porzellan, Glas, Kunststoff, Edelstahl. Welches Material für den jeweiligen Betrieb geeignet ist, muss überlegt werden. Entscheidungsgesichtspunkte hierfür sind neben dem Preis die Beschaffenheit der Oberfläche im Hinblick auf Reinigung, Abnutzung sowie Verhalten zu den Lebensmitteln, das Gewicht des Geschirrs, die Wärmeleitfähigkeit und die Temperaturbeständigkeit, die Lärmverursachung und die Bruchgefahr.

Essgeschirr auf Gastro-Norm-Tablett

Oberflächenbeschaffenheit: Porzellan behält seine Glätte und seinen Glanz auf lange Zeit. Seine Ritzhärte ist höher als die von Messerstahl. Bei Kunststoffgeschirr kann nach langer, häufiger Benutzung die Oberfläche rau und glanzlos werden, wodurch Verfärbungen durch Speisen möglich werden. Edelstahl kann sich durch Anlaufen verfärben. Diese Verfärbungen sind aber mit Spezialreinigern wieder zu beseitigen. Generell lassen sich Porzellan und Kunststoffe leicht reinigen; ein Nachreiben des in der Spülmaschine heiß behandelten Geschirres erübrigt sich. Anders bei Edelstahl: Hier zeigen sich nach Lufttrocknung Tropfenspuren. Zwar ist das Geschirr genauso „sauber“ wie das luftgetrocknete Porzellan- oder Kunststoffgeschirr, aber manche Gäste nehmen Anstoß an den Tropfenspuren. Tropfenspuren auf Edelstahl lassen sich vermeiden, wenn die Geschirrspülmaschine einen genügend langen, geheizten Auslauf hat (Kap. 9.3.2).

Gewicht: Porzellangeschirr für die Gemeinschaftsverpflegung muss robust sein, daher ist es relativ dickwandig und schwer, wodurch ein Wegrutschen des Geschirrs weniger möglich ist. Kunststoff- und Edelstahlgeschirre sind leichter.

Wärmeleitfähigkeit und **Temperaturbeständigkeit**: Ist die Wärmeleitfähigkeit niedrig, so hält das vorgewärmte Geschirr die Speisen länger warm. Bei einer hohen Wärmeleitfähigkeit wird den Speisen die Wärme schneller entzogen. Porzellan, Glas und Kunststoff haben eine niedrige Wärmeleitfähigkeit. Die Temperaturbeständigkeit spielt eine Rolle beim Aufbereiten der Speisen. Kunststoffe können in der Regel nicht als Geschirr im Backofen eingesetzt werden. Edelstahl eignet sich z. B. nicht als Geschirrmaterial für Mikrowellengeräte.

Lärmverursachung: Edelstahl-, Porzellan- und Glasgeschirre verursachen mehr Lärm als Kunststoffgeschirr.

Bruchgefahr: Bei Glas und Porzellan ist die Bruchgefahr erheblich höher als bei Kunststoff, während sie bei Edelstahl überhaupt nicht besteht.

Außer den Materialeigenschaften sind bei der Geschirrauswahl auch die Form (möglichst einfach, leicht zu reinigen) und die Stapelbarkeit des Geschirrs zu berücksichtigen.

Einweggeschirr: Es ist aus Kunststoff (Polystyrol), hitzebeständig (bis 94 °C), leicht, geräuscharm und hygienisch einwandfrei. Beim Einsatz von Einweggeschirr fällt kein Arbeitsaufwand für die Geschirrreinigung an. Diese Einsparung kann die relativ hohen Anschaffungskosten für das Einweggeschirr ausgleichen. Problematisch bleiben die Rohstoffverschwendung, die große Müllmenge sowie die Umweltbelastung bei der Müllentsorgung.

Warmhaltegeschirr siehe Kapitel 7.2.

9.3 Geschirrspüleinrichtungen

9.3.1 Geschirrreinigung im Handbetrieb und maschinell

Zum Spülen sind in der Großküche mindestens drei Plätze einzurichten:

- die Schwarzspüle für Handbetrieb mit zwei großen Spülbecken (60 × 60 × 40 cm) zum Abwaschen der Töpfe und anderer Kochgeräte.

  Es werden auch spezielle Topf- und Behälter-Spülmaschinen angeboten. Töpfe, Bleche, Behälter und Küchenmaschinenteile müssen nicht mehr von Hand gespült werden.

- die Kleinspüle für Handbetrieb mit zwei normal großen Spülbecken (40 × 40 × 15 cm) – in der Kochzeit zum Abwaschen von Geschirr oder Gerät, das wieder gebraucht wird, – nach dem Essen zum Abwaschen empfindlicher Einzelteile (auch für kleinen Abwasch nach Sonderbewirtung).

- die Porzellanspüle oder eine Geschirrspülmaschine zum Abwaschen des Essgeschirrs und der Bestecke.

Der Platz für eine Geschirrspülmaschine muss bei Neugestaltung einer Küche immer eingeplant werden, auch wenn sie nicht gleich aufgestellt wird.

Die Schwarzspüle und die Kleinspüle werden in der Hauptküche eingebaut, weil sie während der Kochzeit ständig gebraucht werden. Die Porzellanspüle bzw. die Geschirrspülmaschine wird in großen Küchen in einer eigenen Spülküche untergebracht.

Die **Reinigungswirkung einer Geschirrspülmaschine** wird wie jede Reinigung beeinflusst durch die Faktoren **Mechanik**, **Chemie**, **Temperatur**, **Zeit**. Die Phasen des Reinigungsvorganges sind: Vorabräumen grober Speisereste, Abspülen, Waschen mit Spülmittel, Klarwaschen, Trocknen. Bei einigen Maschinen müssen die ersten beiden Phasen von Hand erledigt werden. Die mechanische Kraft wird in der Geschirrspülmaschine durch den Sprühdruck der Spülflotte erzeugt. Chemische Mittel werden in Form von Reiniger und Klarspüler eingesetzt. **Reiniger** enthalten Polyphosphate, Alkalizusätze und Zusätze, die Chlor abspalten können. Ihre Aufgaben sind es, auch hartnäckigen Schmutz wie z. B. Teereste zu entfernen, die Speisereste in der Reinigerflotte fein zu verteilen und in Schwebe zu halten sowie Verkalkung zu vermeiden. Silikathaltige Zusätze können hemmend auf die Korrosion in der Maschine wirken. Der **Klarspüler** sorgt für fleckenlos glänzende und trockene Geschirroberflächen, er enthält Tenside zur Wasserentspannung und ist mit Zitronensäure sauer eingestellt (pH 3-4), um Salzreste (Kalk) in glasklar durchsichtiger Schicht unsichtbar zu machen. Die Dosierung von Reiniger und Klarspüler muss genau auf die Wasserhärte abgestimmt werden.

Die **Spültemperatur** im Reinigungsbereich liegt zwischen 55 und 60 °C. Abspülen vor dem Reinigungsgang erfolgt bei 45 °C, Klarspülen bei 70 °C. Die Kontaktzeit zwischen Spülgut und Reinigerflotte hängt von der Durchlaufgeschwindigkeit und der Programmwahl ab, sie muss ausreichend lang sein. Vorabräumen ist notwendig, um eine übermäßige Verschmutzung der Reinigerflotte zu vermeiden. Der Trocknungsvorgang kann beschleunigt werden durch den Einsatz eines Heißluftgebläses in der Maschine oder die Absaugung des Wrasens in der Auslaufzone der Maschine.

Spülmaschinengeeignetes Geschirr

Grundsätzlich geeignet für das Spülen in der Maschine sind die Materialien Porzellan, Glas und Edelstahl. Bei der Auswahl von Geschirr, Besteck und Gläsern sollten aber darüber hinaus einige Gesichtspunkte berücksichtigt werden. *Einfache Formen* sind zu bevorzugen, *Porzellan* muss das Dekor unter der Glasur tragen, dunkles Porzellan bekommt bei falscher Reinigerdosierung schneller einen Grauschleier als helles Porzellan. *Gläser* mit dicken Böden sind nicht gut geeignet, weil Spannungsrisse entstehen können, sie sollten auch nicht heißer als mit 55 °C gespült werden. Unterdosierung von Reiniger kann die Glastrübung beschleunigen. Unter bestimmten Bedingungen kann sich *Edelstahl* braunviolett verfärben, diese Verfärbungen können mit Zitronensäure leicht entfernt werden. Lochkorrosion entsteht bei qualitativ schlechterem Edelstahl und wird durch hohe Temperaturen und Unterdosierung des Reinigers beschleunigt. *Kunststoffe* sind nicht alle spülmaschinenfest. Geeignete Kunststoffe sind: Polypropylen, Polyacetat, Melamin, glasfaserverstärktes Polyesterharz. Der Trocknungsvorgang dauert bei Kunststoffmaterialien länger als bei Porzellan.

Wasserenthärten

Eine hohe Wasserhärte erschwert den Spülprozess und beeinflusst das Aussehen des Spülgutes negativ, deshalb wird das Wasser für Geschirrspülmaschinen enthärtet. Zum Teil geschieht das mithilfe des Reinigers, hauptsächlich aber mithilfe eines vorgeschalteten Ionenaustauschers.

Ionenaustauscher sind mit einer gekörnten Kunstharzmasse (z. B. Permutit) gefüllt, deren große Oberfläche mit Na-Ionen besetzt ist; diese werden gegen die Ca-Ionen der Wasserhärte ausgetauscht. Allmählich erschöpft sich der Vorrat an Na-Ionen; dann muss mit NaCl regeneriert werden. Man verwendet ein spezielles Regeneriersalz; es enthält antibakterielle und fungizide Zusätze und kommt in Form kleiner Pressplatten, Tabletten oder in Pulverform in den Handel. Speisesalz, das Fließmittel zur besseren Streufähigkeit enthält, ist ungeeignet. Der Zeitabstand bis zur nächsten Regenerierung ist von der Wasserhärte und der durchlaufenden Wassermenge abhängig. Wasserenthärtung ist notwendig ab einem Härtegrad von mehr als 1,9 Millimol CaO/l (entspricht in alten Einheiten 10 °dH).

9.3.2 Geschirrspülmaschinen

Für das Geschirrspülen in der Großküche stehen je nach Geschirranfall unterschiedliche Gerätebauformen zur Wahl:

- **Frontbeschickte Maschinen:** gewerbliche Einschubautomaten, Untertischmaschinen, Gläserspülautomaten
- **Korbspülmaschinen:** Durchschub-Spülmaschinen, Durchlaufautomaten, Topfspülmaschinen
- **Bandspülautomaten:** Bandspülmaschinen, Bandumlaufautomaten, Großspülanlagen

Frontbeschickte Maschinen

Bei diesen auch als **Einschubautomaten** (Abb. s. S. 84) bezeichneten Geräten werden wie bei Kleinhaushalt-Spülmaschinen ein oder zwei Geschirrkörbe von vorn in den Spülraum geschoben. Jedoch wird nicht für jeden Spülgang das gesamte Spülwasser erneuert und aufgeheizt, sondern es bleibt in einem Tank von rund 30 l Inhalt unterhalb des Spülraumes für den nächsten Programmdurchlauf verfügbar. Nur beim Klarspülen werden jeweils etwa 3 l Frischwasser aufgenommen. Sie gelangen über das Geschirr in den Tank, dafür fließt eine entsprechende Menge verschmutztes Tankwasser durch einen Überlauf ab. Die Spülzeiten betragen etwa 1,5 min (Sparprogramme) bis 3 min (Intensivprogramme), die Stundenleistung liegt zwischen etwa 360 und 720 Tellern.

Einschubspülautomaten werden als **Untertischmaschinen** (Platz sparend, aber schwerer zugänglich) oder mit Untergestell für die Beschickung in körpergerechter Arbeitshöhe angeboten.

Gläserspülautomaten in gleicher Bauweise arbeiten mit reduzierter Temperatur und niedrigerem Sprühdruck. Sie verfügen außerdem über spezielle Körbe, um die empfindlichen Gläser sicher zu fixieren. Zum Teil gibt es auch bei normalen Korbspülmaschinen ein Zusatzprogramm, das die schonende Reinigung von Gläsern erlaubt.

Korbtransportmaschinen

Bei **Durchschub-Spülmaschinen** werden die mit Schmutzgeschirr gefüllten Körbe *von Hand* eingeschoben und wieder herausgenommen. Eine Platz sparende Geräteaufstellung übereck ist möglich.

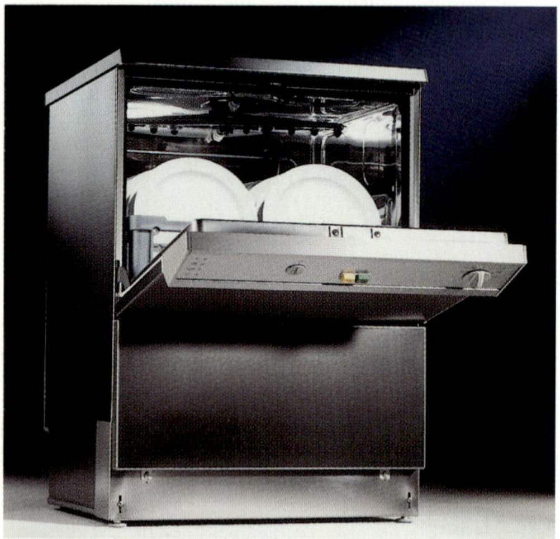

Einschubspülautomat

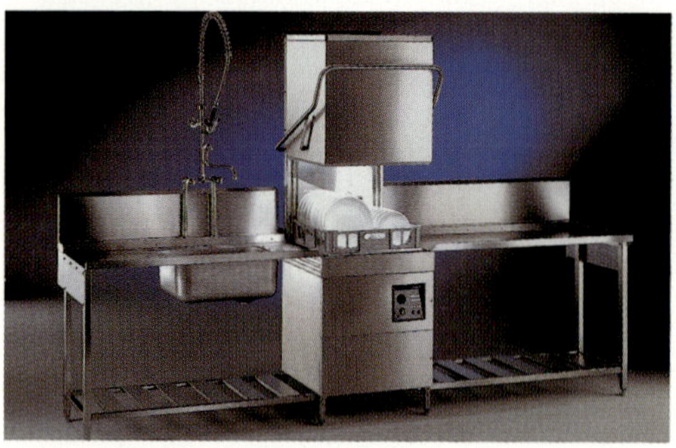

Korbdurchschub-Spülmaschine

Vor der Eingabe des Geschirrs in die Maschine sind die Speisereste abzuräumen; dazu dient am Zulauftisch ein Abräumbecken mit Schlauchbrause und Abfalltonne. Im Abräumbecken liegt ein herausnehmbares Sieb, das die groben Speisereste auffängt. Die Funktionsweise des Spülsystems entspricht den besprochenen Fronttürmaschinen, Tankinhalt und Heizleistung werden jedoch im Allgemeinen etwa doppelt so hoch gewählt. Daraus resultiert eine Verkürzung der Programmlaufzeiten auf 1 bis 2 min und eine Spülleistung bis zu tausend Tellern pro Stunde.

Bei **Durchlaufautomaten** werden die Geschirrkörbe *selbsttätig* durch die Spülzonen transportiert. Damit werden Leistungen um zweitausend Teller pro Stunde erreicht.

Topfspülautomaten werden in ähnlicher Ausführung wie Korbdurchschubmaschinen für Töpfe und andere robuste Behälter, Bleche und Küchenmaschinenteile angeboten. Sprühdruck und Reinigungswirkung sind dabei noch wesentlich höher als bei Intensivprogrammen der Normalspülmaschinen.

Bandspülautomaten

Bei diesen **Spülmaschinen** durchlaufen die Geschirrteile auf einem *endlosen Transportband* in kontinuierlicher Bewegung mehrere hintereinander liegende Spülzonen. Das Transportband besitzt Fingerelemente zum Einordnen unterschiedlichen Geschirrs oder Mitnehmer zum Aufsetzen von Geschirrkörben. Zu jeder Spülzone gehören ein eigenes Sprühdüsensystem und ein eigener Tank. Das Geschirr durchläuft zunächst eine Vorabräumzone (40 °C warmes Wasser), mindestens eine Hauptreinigungszone (etwa 60 °C), danach eine Klar- und eine Nachspülzone (Temperatur ca. 85 °C) und schließlich eine Trockenzone, in der das Geschirr mit Heißluft getrocknet wird. Durch Verändern der Geschwindigkeit des Transportbandes lässt sich die Einwirkungszeit des Reinigungsvorganges auf das Geschirr dem Verschmutzungsgrad anpassen.

Eine Frischwasserzufuhr erfolgt nur in der Nachspülzone. Der *Nachspültank* versorgt durch einen Überlauf den *Klarspültank*, dieser versorgt wieder die Hauptreinigung und dann die Vorabräumung. Auf diese Weise bleiben der Wasser- und der Energieverbrauch (für die Erwärmung) in Grenzen.

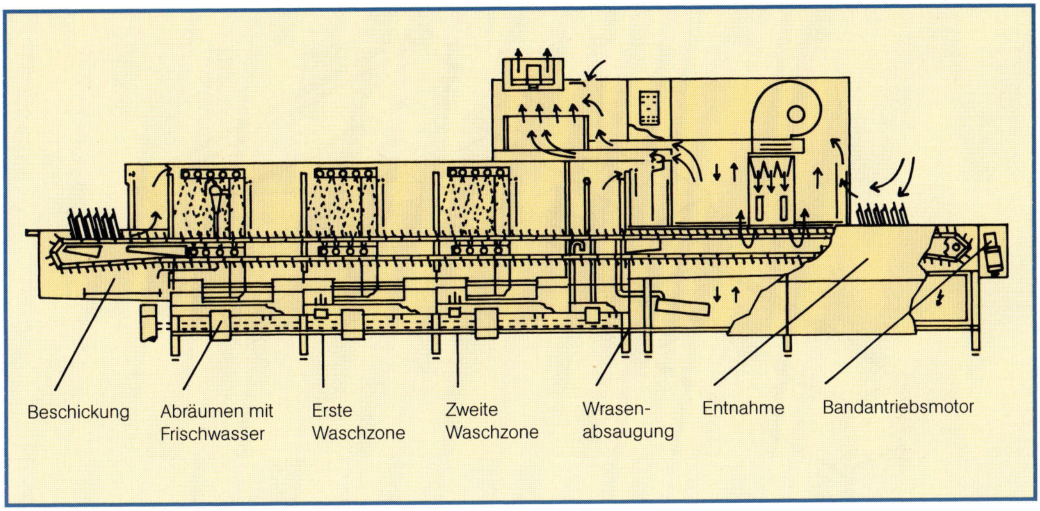

Aufbau einer Bandgeschirrspülmaschine

Mit Bandspülmaschinen können je nach Größe (4 bis 9 m Länge bei knapp 1 m Breite) etwa zwei- bis zehntausend Teller pro Stunde gespült werden. Bei mangelnder Raumlänge bietet sich die Aufstellung eines Bandumlaufautomaten an, der bei ca. 1,5 m Breite mit etwas mehr als der halben Länge auskommt.

Zur **Wärmerückgewinnung** wird bei großen Spülautomaten meistens eine Wrasenniederschlagseinrichtung mit einer Wärmepumpe kombiniert eingebaut. Der Heizenergieaufwand kann damit um mehr als die Hälfte reduziert werden und das Raumklima wird entlastet.

Die **Aufstellung der Spülmaschine** muss gut durchdacht werden, damit der Spülvorgang reibungslos ablaufen kann.

Bandgeschirrspülmaschine

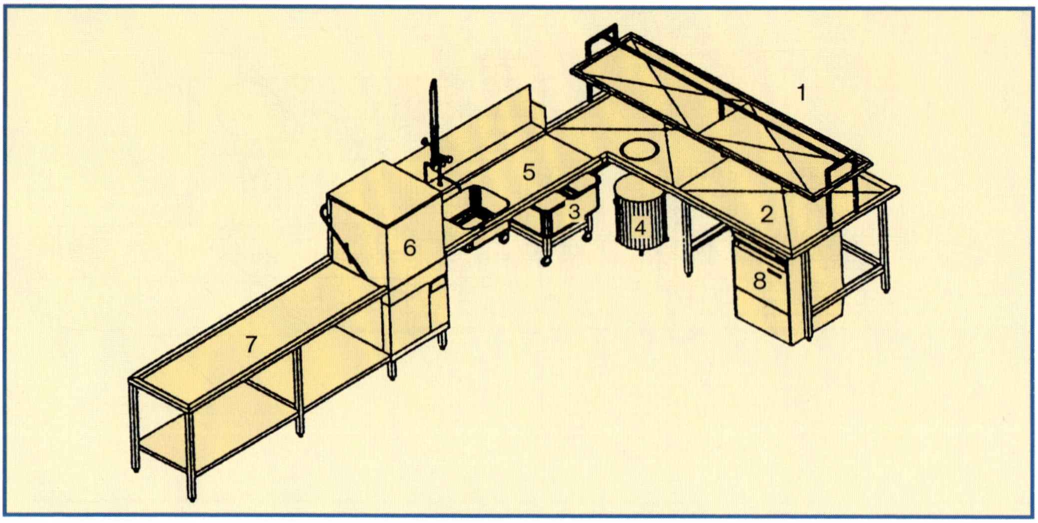

Die Durchschubmaschine ist in das Arbeitszentrum Spülen integriert.
1 – Oberregal für Gläser und Tassenkörbe; 2 – Geschirrannahmetisch für Teller und Platten; 3 – Besteckvortauchbecken; 4 – Abfalltonne und Abfallschacht; 5 – Verbindungstisch zwischen Sortiertisch und Maschine inklusive Becken, Mischbatterie, Spritzblech und Handbrause zur Vorabräumung; 6 – Geschirrspülmaschine; 7 – Saubergeschirr-Abstelltisch; 8 – Gläserspülmaschine

9.3.3 Großspülanlagen

Für Betriebe mit extrem großem Geschirranfall (1500 Essen pro Tag) lohnt sich die Installation von **Großspülanlagen** mit mehreren parallel arbeitenden Bandspülmaschinen, die *sortenrein* beschickt werden können. Die Reinigung findet in getrennten Spülautomaten statt. Bestecke und Tabletts werden automatisch eingegeben und später automatisch ausgeworfen.

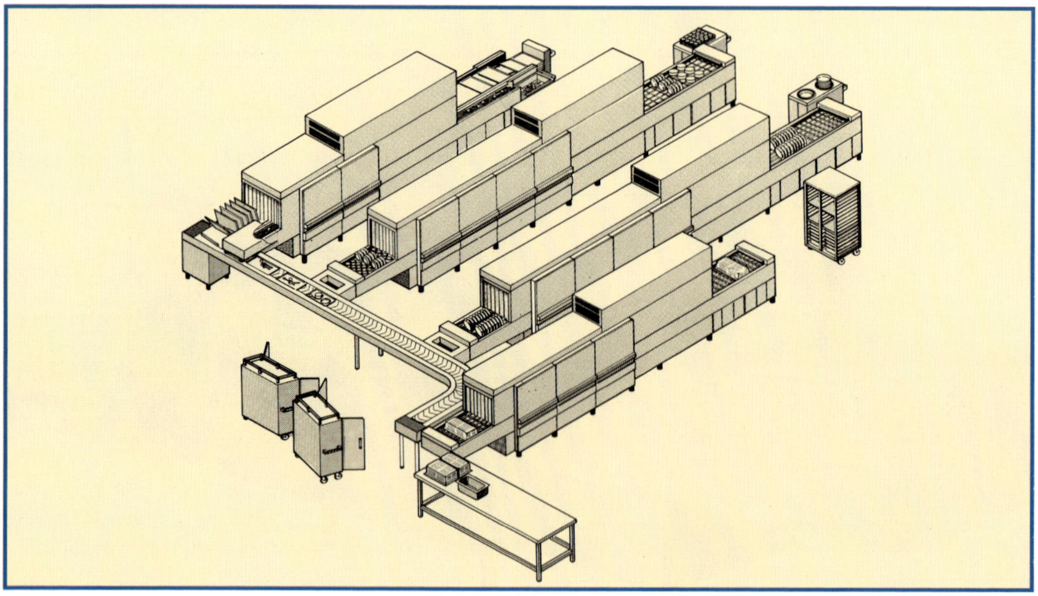

Großspülanlage

10 Abfallentsorgung

10.1 Entsorgung der Abfälle und des Abwassers

10.1.1 Abfälle

Zu den Abfällen, die in einer Großküche anfallen, gehören Lebensmittel- und Speisenreste, Fette und Fettabscheiderrückstände, eventuell Einweggeschirr und -besteck sowie Verpackungsmaterial. Je mehr vorgefertigte Produkte eingesetzt werden, umso mehr Verpackungsmaterial fällt an, wobei das Volumen des Mülls schneller steigt als sein Gewicht. Eine geordnete Abfallbeseitigung ist nicht nur aus hygienischen Gründen erforderlich, sondern auch, um Kosten für Bearbeitung, Lagerung und Abtransport zu sparen. Auch der Gesichtspunkt der *Umweltbelastung* darf nicht vergessen werden.

Die Abfallarten lassen sich folgendermaßen systematisieren:

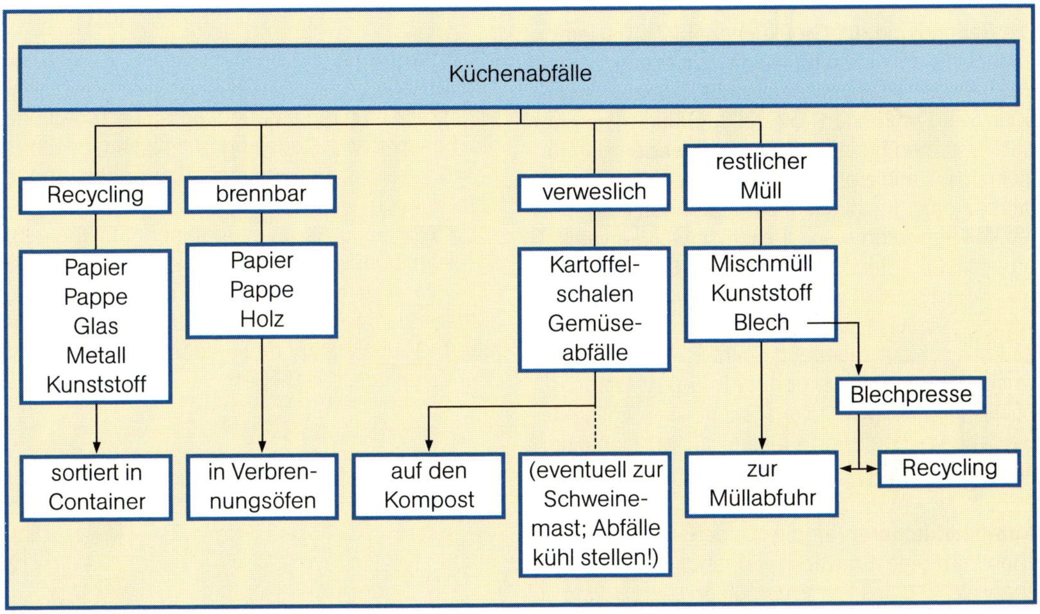

Zur geordneten Abfallbeseitigung gehören das Einsammeln, das Befördern, das Behandeln, das Lagern und das endgültige Ablagern. Beim **Einsammeln** der Abfälle kann bereits in erheblichem Maß zur Kostenreduzierung beigetragen werden, wenn die Abfälle getrennt gesammelt werden und damit Recycling möglich wird. Direkt am Ort des Abfallaufkommens müssen Behälter in ausreichender Größe und Zahl vorhanden sein. Sie müssen verschließbar sein, in regelmäßigen kurzen Abständen geleert bzw. entfernt werden. Eimer für Feuchtabfälle müssen vor dem Wiederaufstellen ausgespült werden. Das getrennte Einsammeln von Abfällen kann durch farblich gekennzeichnete Behälter erleichtert werden. Günstig ist auch, wenn die Behälter fahrbar sind.

Als bewegliche Sammelbehälter werden angeboten: geschlossene **Tretabfallständer** mit herausnehmbarem Sack und stationäre oder fahrbare **Müllsackständer** mit Haltevorrichtung und Deckel für einen oder mehrere Säcke aus Papier oder Kunststoff. Papiersäcke sind den Kunststoffsäcken oft überlegen, da sie durch scharfkantigen Müll nicht so leicht aufgeschlitzt werden (was häufig auch schon zu Verletzungen des Personals geführt hat) und sich mit dem Papierabfall verbrennen lassen. Auch Feuchtabfälle können in nassfesten, zweilagigen Papiersäcken gesammelt werden.

Fest in der Wand installierte **Müllabwurfschächte** haben sich in Großküchen nicht bewährt. Sie verursachen Lärm und Geruchsbelästigung, häufig bleiben sperrige Abfälle hängen und führen zu Verstopfungen. Außerdem ist in diesen Behältnissen die Brandgefahr und die Vermehrung von Schädlingen sehr hoch, sodass sie für die Beseitigung von Küchenabfällen ungeeignet sind.

Die Behandlung der Großküchenabfälle basiert in erster Linie auf einer **Volumenreduzierung**, da damit Stellplatz, Müllbehälter und Abfuhrgebühren gespart werden können (die Müllgebühren werden nach Volumen berechnet). **Abfallpressen** sind für kleinere bis mittlere Betriebe geeignet. Sie werden fahrbar oder für einen festen Standort angeboten. Mit Pressstempeln, die horizontal oder vertikal arbeiten, wird der Abfall um bis zu 80 % im Volumen reduziert. Der gepresste Müll wird von einem stabilen Plastiksack aufgenommen. Da der Müll kaum noch Luftsauerstoff enthält und der Sack verschlossen wird, werden Fäulnis und Geruchsbelästigung weitgehend ausgeschlossen. Für große Betriebe werden auch Pressen für Müllcontainer angeboten.

Abfallzerkleinerer arbeiten nach unterschiedlichen Prinzipien: Entweder werden die Abfälle mechanisch, z. B. mit Hammermühlen, zerdrückt und zerkleinert oder sie werden durch Wasserzusatz zuerst aufgeweicht und dann in Rotationstrommeln zerkleinert. Zerkleinerte organische Abfälle, die über eine Siebpresse ausgedrückt werden, können problemlos zum Hausmüll gegeben werden; sie verändern sich kaum noch aufgrund ihres geringen Wassergehaltes. Das abgepresste Wasser kann der Kanalisation zugeführt werden.

Verbrennung von Abfällen führt zu einer Volumenreduzierung von etwa 90 % und einer Gewichtsreduzierung von 60 %. Die Verbrennungsanlagen erfordern jedoch durch ihre hohen Betriebskosten einen beträchtlichen Kapitalaufwand. Sofern die Verbrennungsgase nicht „entgiftet" werden, bedeuten derartige Verbrennungsanlagen eine nicht zu verantwortende Umweltbelastung.

Die **Lagerung des Abfalls** bis zum endgültigen Abtransport kann in speziellen Abfallräumen oder im Freien geschehen. Zu beachten ist:

- Abfallräume sollen kühl und belüftbar sein;
- Boden und Wände sollen fugenfrei und leicht zu reinigen sein;
- ein direkter Ausgang sollte ins Freie führen; er muss vom Wareneingang getrennt liegen;
- Sauberkeit, sorgfältige Stapelung und möglichst kurze Lagerzeiten sind anzustreben.

Die **Entsorgung** der Abfälle ist eine Aufgabe, zu der die Betreiber von Großküchen verpflichtet sind. Die Abfälle müssen ordnungsgemäß entsorgt und die gesetzlichen Regelungen müssen beachtet werden. Bei der Entsorgung ist zu prüfen, ob die Abfälle noch verwertet werden können (Eigenkompostierung, Abgabe an einen Mastbetrieb) und ob mit der Entsorgung der kommunale Träger oder ein privates Entsorgungsunternehmen beauftragt werden kann. Wenn Speisenabfälle verfüttert werden sollen, muss dafür eine Zulassung vom Veterinäramt vorliegen.

Nassmüll-Aufbereitungsanlage

10.1.2 Abwasser

Großküchen haben einen hohen Wasserverbrauch und damit auch ein hohes Abwasseraufkommen. Der Verschmutzungsgrad dieses Abwassers mit vorwiegend organischen Stoffen ist sehr hoch. In modernen Kläranlagen lassen sich fettfreie organische Abfallstoffe über eine biologische Reinigungsstufe relativ einfach abbauen. Da Fette biologisch nur sehr schwer und langsam abgebaut werden können, sollten große Küchen in ihr Abwassersystem einen **Fettabscheider** einbauen. Auch auf die Temperatur der Abwässer ist zu achten: Bei Abwassertemperaturen um 35 °C kommt es zu rascher Fäulnis und üble Gerüche entströmen den Abwasseranlagen. Die Gerüche entwickeln sich nicht primär aufgrund der höheren Temperaturen, sondern als Ursache dafür ist der Abbauprozess durch die Mikroorganismen anzusehen. Grobe organische Feststoffe dürfen dem Abwasser nicht beigemischt sein.

Die modernen Reinigungs- und Desinfektionsmittel belasten das Abwasser aus Großküchen ebenfalls. Ihr Abbau in der Kläranlage ist wesentlich schwieriger als der Abbau organischer Stoffe. Die Betreiber von Großküchen sind verpflichtet, betriebliche Abwässer gegebenenfalls vorzubehandeln und ordnungsgemäß in Abwasseranlagen einzuleiten.

11 Betriebshygiene

In der Großküche sind Hygienemaßnahmen von großer Bedeutung und müssen streng eingehalten werden. Größere Lebensmittelmengen werden hier unter starkem Maschineneinsatz und unter Beteiligung einer Vielzahl von Arbeitskräften verarbeitet. Tauchen irgendwo Krankheitserreger auf, dann ist unter den Bedingungen einer Großküchenproduktion die Verbreitung dieser Keime relativ schnell geschehen, und somit wird eine große Personengruppe betroffen. Sowohl die Infektion der Speisen mit Krankheitserregern als auch ihre Vermehrung und Verbreitung müssen unterbunden werden.

11.1 Gesetzliche Grundlagen

Der Umgang mit Lebensmitteln bei der Erzeugung, Lagerung, Bearbeitung und beim Verkauf ist durch mehrere hundert Gesetze und Vorschriften geregelt. Wichtige rechtliche Grundlagen für die Gemeinschaftsverpflegung sind im Folgenden aufgeführt.

- **Lebensmittel- und Bedarfsgegenständegesetz (LMBG)**
  Gesetz über den Verkehr mit Lebensmitteln, Tabakerzeugnissen, kosmetischen Mitteln und sonstigen Bedarfsgegenständen. Dieses Gesetz trifft Regelungen zu Lebensmitteln, kosmetischen Mitteln, Tabakwaren und Bedarfsgegenständen. Es enthält zahlreiche Verbote und Gebote zum Schutz des Verbrauchers.

- **Lebensmittel-Kennzeichnungsverordnung**
  Sie schreibt vor, wie Lebensmittel deklariert werden müssen, z. B. mit dem Zutatenverzeichnis und dem Mindesthaltbarkeitsdatum bei verpackten Lebensmitteln.

- **Zusatzstoff-Zulassungsverordnung**
  Nach dieser Verordnung müssen Zusatzstoffe bei der losen Abgabe von Lebensmitteln in Einrichtungen der Gemeinschaftsverpflegung auf Speise- und Getränkekarten, auf Speiseplänen oder Aushängen in Fußnoten angegeben werden.

- **Lebensmittelhygieneverordnung (LMHV)**
  Verordnung über Lebensmittelhygiene (LMHV) und zur Änderung der Lebensmitteltransportbehälter-Verordnung. Die LMHV gilt für das gewerbsmäßige Herstellen, Behandeln und Inverkehrbringen von Lebensmitteln, sie legt die Mindestanforderungen fest, die an die Gebäude, den Umgang mit Lebensmitteln und an das Personal zu stellen sind. Nach § 4 LMHV ist jeder Betrieb verpflichtet, ein Hygiene-Vorsorgesystem als Eigenkontrollsystem einzuführen und zu pflegen.

- **Infektionsschutzgesetz (IfSG)**
  Gesetz zur Verhütung und Bekämpfung von Infektionskrankheiten beim Menschen.
  Das Infektionsschutzgesetz gilt seit 2001 und ersetzt das Bundesseuchengesetz. Mit ihm wird die Vorbeugung, die frühzeitige Erkennung und die Bekämpfung von übertragbaren Krankheiten und die Zusammenarbeit von Ärzten, Krankenhäusern und Gesundheitsbehörden in diesen Fragen geregelt.

- **Produktbezogene Gesetze und Verordnungen**
  Sie legen die besonderen Anforderungen für die Erzeugung und den Umgang mit bestimmten Lebensmittelgruppen fest. Wichtig für die Gemeinschaftsversorgung sind z. B. die Hackfleischverordnung (HFIV), die Milchverordnung (MilchV), die Hühnereiverordnung (HühnereiV), die Trinkwasserverordnung (TrinkwV) u. a.

- **Lebensmittelüberwachung**
  Für die Kontrolle der Hygiene in Einrichtungen, die Lebensmittel verarbeiten, ist die Lebensmittelüberwachung zuständig, die unangemeldet und in unregelmäßigen Abständen die Betriebe besichtigt. Die Lebensmittelüberwachung ist aber bei Fragen der Hygiene auch ein kompetenter Ansprechpartner. Die Organisation der Lebensmittelüberwachung ist in jedem Bundesland anders geregelt. Auskunft über Zuständigkeiten bekommt man bei der Kreisverwaltung, der Kreisordnungs- oder Kreispolizeibehörde.

11.2 Das Eigenkontrollsystem (HACCP)

Die Lebensmittelhygieneverordnung (LMHV) schreibt im § 4 vor, dass jede Einrichtung, die gewerbsmäßig mit Lebensmitteln umgeht, Vorsorge treffen muss, um Gesundheitsgefährdungen zu vermeiden. Dazu sollen betriebseigene Maßnahmen und Kontrollen durchgeführt werden. Ein methodisches Hilfsmittel für diese Kontrollen bietet das HACCP-System (Hazard Analysis Critical Control Point). Das HACCP-System wurde in den USA zur Analyse von Hygiene-Gefahren bei der Lebensmittelherstellung und als Hygienekonzept für die Beherrschung kritischer Punkte entwickelt. Es ist inzwischen als präventives qualitätssicherndes System international anerkannt. Mit seiner Hilfe schafft sich der Betrieb ein Eigenkontrollsystem zur Qualitätssicherung und ein umfassendes Hygienekonzept. Die Prinzipien dieses Eigenkontrollsystems müssen in jedem Betrieb speziell auf die dort vorhandenen Bedingungen umgesetzt werden.

Voraussetzungen für die Durchführung des Eigenkontrollsystems

Voraussetzung für die Einführung des HACCP-Systems in einem Betrieb ist, dass die Verfahrensweisen im betrieblichen Ablauf nicht dem Zufall überlassen, sondern systematisiert werden. D. h., es müssen verbindliche Festlegungen getroffen werden für die Produkt- und Produktionshygiene, die Rohwarenspezifikation, die Lieferantenbewertung, die Wareneingangsprüfung und für die Endproduktprüfung. Detaillierte Herstellungs- und Arbeitsanweisungen müssen geschaffen werden. Die baulichen Anforderungen an die Betriebsräume müssen erfüllt und die Personalhygiene muss berücksichtigt werden.

Aufbau eines Eigenkontrollsystems

In der Lebensmittelhygieneverordnung ist charakterisiert, in welchen Schritten ein betriebliches Eigenkontrollsystem aufgebaut werden kann:

1. **Gefahren analysieren.** Der Weg der Lebensmittel vom Einkauf bis zum Servieren wird analysiert. Mögliche Gefahrenquellen für den Verderb der Lebensmittel werden ermittelt. Dabei sollen biologische Gefahren (z. B. Bakterien), physikalische Gefahren (z. B. Fremdkörper, Verunreinigungen) und chemische Gefahren (z. B. Pflanzenschutzmittel, Schwermetalle) bei der Analyse berücksichtigt werden.

2. **Identifizierung der Gefahrenpunkte.** Feststellen, an welchen Punkten im Produktionsprozess Gefahren entstehen können.

3. **Festlegung der kritischen Lenkungspunkte.** Als kritischer Lenkungspunkt gilt ein Schritt oder eine Phase in der Produktion, an der eine Gefährdung erkannt und durch gezielte und kontrollierte Maßnahmen beseitigt oder verringert werden kann, z. B. das Warmhalten von Speisen. In der Regel reichen wenige kritische Lenkungspunkte aus, um Hygienerisiken in den Griff zu bekommen.

4. **Festlegung und Durchführung wirksamer Sicherheitsmaßnahmen.** Es wird geprüft, wie ein kritischer Punkt unter Kontrolle gehalten werden kann und welche Grenzwerte und Überwachungsverfahren dazu geeignet sind. Folgende Fragen müssen dabei geklärt werden:

   - Wo wird die Prüfung durchgeführt (z. B. bei der Anlieferung, beim Kochen)?
   - Was wird überprüft (z. B. Temperatur, Aussehen, Mindesthaltbarkeit, Geruch)?
   - Wie oft wird überprüft (z. B. täglich, wöchentlich)?
   - Wann ist etwas nicht in Ordnung (Grenzwert festlegen, z. B. Temperatur)?
   - Welche Korrekturmaßnahmen müssen ergriffen werden (z. B. Warenannahme verweigern, Waren entsorgen, weitergaren)?
   - Wer ist für die Prüfung zuständig?
   - Wie wird dokumentiert?

5. **Fortlaufende Überprüfung des Eigenkontrollsystems.** Das Eigenkontrollsystem wird nicht einmal festgelegt und hat dann dauernden Bestand. Innerhalb kürzester Zeit können sich viele Dinge in einem Betrieb ändern, deshalb muss das Eigenkontrollsystem mindestens einmal jährlich auf Aktualität und Gültigkeit überprüft werden.

Ein Eigenkontrollsystem muss dokumentiert werden, d. h., alle wichtigen Punkte der Lebensmittelhygiene müssen schriftlich festgehalten werden. Dazu gibt es verschiedene Hilfsmittel.

Als methodische **Hilfsmittel zur Durchführung des Eigenkontrollsystems** werden z. B. eingesetzt: Checklisten für die Bestandaufnahme, Checklisten für den Kontrollrundgang, Merkblätter für Einkauf und Warenkontrolle, Nachweislisten für den Kontrollrundgang, Nachweislisten für die Reinigung, Reinigungs- und Hygienepläne, Schulungsprotokolle.

Geräte zur Durchführung des Eigenkontrollsystems

Es gibt Produktions- und Lagerungsgeräte, die das hygienegerechte Arbeiten in der Großküche erleichtern. Hierzu gehören z. B.

- Backöfen, die aus einem Stück tiefgezogen sind und keine Schmutzecken aufweisen,
- Schockkühler, die für das Cook-and-Chill-Verfahren eingesetzt werden,
- Rückstellprobengefrierschränke, in denen in größeren Betrieben für jede warme Speisenkomponente eine Probe zu Kontrollzwecken eingefroren wird,
- verschiedene Mess- und Überwachungsgeräte oder Systeme zur Überwachung von Temperaturen, Zeiten und anderen Kontrollgrößen.

11.3 Hygiene der Einrichtungen und Geräte

- **Gefäße und Geräte**, die mit Speisen in Berührung kommen, sind sehr sauber zu halten und nach Benutzung sorgfältig zu reinigen. Leicht verschmutzte, nicht fettige Küchengeräte werden nach Gebrauch sofort abgespült und sind dann wieder betriebsbereit. Fest sitzender und fettiger Schmutz muss in heißem Wasser mit Spülmittelzusatz gelöst werden. Hartnäckige Verschmutzungen in Milchgefäßen, Flaschen, Rohrleitungen und Fleischverarbeitungsmaschinen sind mit Spezialreinigungsmitteln zu behandeln.
- **Geräte aus Holz** sollten nicht verwendet werden, denn in den Poren des Holzes und bei aufgerauter Oberfläche können sich Keime hartnäckig festsetzen.
- **Maschinen** sind nach Gebrauch – soweit möglich – auseinander zu nehmen und gründlich zu reinigen (Fleischwolf!). Erst nachdem die einzelnen Teile völlig getrocknet sind, wird die Maschine wieder zusammengesetzt. Feuchtigkeit würde die Keimentwicklung und die Rostbildung begünstigen. Beim Gebrauch der Maschinen ist auch drauf zu achten, dass die Speisen niemals mit ölverschmierten Teilen in Berührung kommen.
- **Geschirrspülmaschinen** müssen regelmäßig auf Sauberkeit der Maschine und ihre hygienische Funktion (gespültes Geschirr ohne Schmutzreste) kontrolliert werden.
- **Einrichtungsgegenstände**, die nicht der direkten Beschmutzung ausgesetzt sind (Schränke, Regale), werden je nach Erfordernis täglich, wöchentlich oder in mehrwöchigem Abstand durch Abwaschen gründlich gereinigt.
- **Wischtücher** sollten in Form von Einwegtüchern eingesetzt werden. **Spülbürsten** und **Schwämme**, wenn sie überhaupt verwendet werden, sind mit besonderer Sorgfalt zu behandeln. Sie dürfen nicht zweckentfremdet benutzt werden (das setzt voraus, dass ihre Zweckbestimmung für jeden klar erkennbar ist), sie müssen nach Gebrauch gereinigt werden und sollen in den Kochpausen luftig zum Trocknen aufgehängt werden.
  Zum Auswaschen ist ein Zusatz von „saurem" Klarspüler (pH 3–4) oder Essig günstig, denn Ansäuern stoppt das Bakterienwachstum.
- **Geschirrtücher** sind beim Einsatz von Geschirrspülmaschinen nicht erforderlich. Ihre Verwendung sollte möglichst eingeschränkt oder ganz vermieden werden.
- **Handtücher** sind eine Quelle der Keimvermehrung und Verschleppung. Gemeinschaftshandtücher dürfen deswegen nicht eingesetzt werden. Entweder können Rollhandtuchautomaten, elektrische Warmlufttrockner oder Einmalhandtücher aus Papier benutzt werden. Es empfiehlt sich, an jede Arbeitskraft in der Küche täglich ein eigenes, frisches Handtuch auszugeben.

11.4 Lebensmittelhygiene

Bei der Auswahl der Rohware ist darauf zu achten, dass die eingekauften Lebensmittel entsprechenden Qualitätsstandards genügen. So können frühzeitig Infektionsrisiken ausgeschaltet werden.

Nicht mehr eingesetzt werden dürfen:

- Lebensmittel mit Schimmelbildung oder Schleimbildung,
- bombierte Dosen,
- Konserven, die längere Zeit offen aufbewahrt wurden,
- Konservengläser, die sich selbst geöffnet haben,
- Lebensmittel, die sich im Geschmack, Geruch und äußerlich verändert haben,
- Lebensmittel, deren Haltbarkeitsdatum abgelaufen ist.

Bei der Herstellung von Speisen müssen folgende **Hygienerichtlinien** eingehalten werden, um das Wachstum von Krankheitserregern zu verhindern:

- Das **Warmhalten** von Speisen muss bei einer Temperatur über 70 °C geschehen.
- **Anbraten** von Fleisch zur Verwendung am nächsten Tag ist nicht erlaubt.
- Bei Herstellung zusammengesetzter Speisen (Nudelsalat) ist eine gegarte Komponente vor dem Mischen zwischenzukühlen.
- Beim **Abkühlen** von Speisen muss der kritische Temperaturbereich zwischen 65 und 20 °C in möglichst kurzer Zeit (höchstens drei Stunden) durchlaufen werden (über „bewegte Kühlung“, s. Kap. 7.1).
- **Kühllagerung** von Speisen soll bei 4 °C erfolgen.
- Bei der **Aufbereitung** von kühl gelagerten Speisen muss mindestens eine Kerntemperatur von 70 °C über 10 Minuten gehalten werden.
- **Gefrorene Speisen** müssen spätestens 4 bis 6 Stunden nach dem Auftauen zubereitet werden.

11.5 Persönliche Hygiene und Personalschulung

Die Hygiene bei der Nahrungszubereitung wird u. a. mitbestimmt von der Sauberkeit des Personals. Das Personal muss nicht nur bei der Einstellung, sondern auch später in regelmäßigen Abständen in Hygienefragen belehrt, geschult und überwacht werden.

- **Vor Beginn der Arbeit** saubere Arbeitskleidung anlegen, lockere Haare feststecken oder einbinden, Hände waschen und Fingernägel reinigen. Bei Fingerverletzungen ist auf dicht schließende und wasserfeste Abdeckung zu achten, denn durch Schmierinfektion können Keime auf Lebensmittel übertragen werden. Gifte, die von Eitererregern abgesondert werden, verursachen Brechdurchfall und schwere Kreislaufstörungen.
- **Während der Arbeit** ist häufiges Händewaschen nötig: nach jeder Beschmutzung und vor allem nach dem Besuch der Toilette. Es müssen Handwaschbecken in ausreichender Zahl in unmittelbarer Nähe des Arbeitsplatzes installiert sein.
  Finger und Hände sollen möglichst nicht direkt mit der Nahrung in Berührung kommen; passende Stielgeräte (Löffel, Gabeln, Zangen) sind einzusetzen.
  Gabeln und Löffel sind am Griff zu fassen, Gläser an der Basis, Tassen am Henkel, Teller, Platten und Schüsseln am Rand, der beim Anrichten frei bleiben muss.
  Zum Abschmecken der Speisen wird die Probe mit dem Rühr- oder Schöpflöffel entnommen und auf den Probierlöffel (oder -teller) gegeben.
- **Überwachung der eigenen Gesundheit** ist für Mitarbeiter und Mitarbeiterinnen in einer Großküche Pflicht. Alle Personen, die mit Lebensmitteln umgehen, müssen frei von ansteckenden Krankheiten sein. Folgende Erkrankungen müssen sofort in der Einrichtung gemeldet und

von einem Arzt abgeklärt werden: Durchfall und Erbrechen, Fieber, Gelbsucht, Hautausschläge, Hauterkrankungen, eitrige Entzündungen der Ohren, Nase, Augen, großflächige Hautinfektionen und Geschwüre.

Eine moderne Händehygienestation

- **Gesundheitszeugnisse** wurden nach dem Bundesseuchengesetz bis zum Jahr 2000 ausgestellt. Diese Zeugnisse behalten ihre Gültigkeit. Personen, die ab 2001 ein Arbeitsverhältnis in einer Großküche eingehen, benötigen kein Gesundheitszeugnis mehr, sie müssen aber nach dem neuen Infektionsschutzgesetz belehrt werden.

- **Die Belehrung der Mitarbeiter** ist nach der Lebensmittelverordnung und dem Infektionsschutzgesetz vorgeschrieben. Tritt ein Mitarbeiter neu in einen Betrieb ein, darf die Bescheinigung über die Belehrung nicht älter als drei Monate sein. Die Belehrungen werden durch das örtliche Gesundheitsamt durchgeführt oder durch einen vom Gesundheitsamt beauftragten Arzt. Eine Belehrung durch das Gesundheitsamt ersetzt nicht die betriebsinterne Schulung.

- **Betriebsinterne Personalschulungen** müssen durch den Arbeitgeber jährlich durchgeführt werden, um die Mitarbeiter zu sachgerechtem Umgang mit den Lebensmitteln zu befähigen und zu motivieren. Hygiene in der Großküche kann nur durchgesetzt werden, wenn das ganze Küchenteam beim täglichen Arbeitsprozess auf Sauberkeit achtet und hygienisch mit Lebensmitteln umgeht. Die Verantwortung liegt bei jedem einzelnen Mitarbeiter.

11.6 Schädlingsbekämpfung

Vorratsschädlinge

Schädlinge sind Tiere, die sich von den Vorräten der Menschen ernähren, sie können fast alle Lebensmittel befallen. Besonders gefährdet sind Lebensmittel, die lange haltbar sind, wie z. B. Getreideprodukte, Backzutaten (Nüsse, Mandeln, Rosinen), Dörrobst, Schokolade und Schokoladenerzeugnisse, Hülsenfrüchte und Gewürze. Schädlinge können aktiv in den Versorgungsbereich gelangen oder passiv eingeschleppt werden. Die häufigsten Schädlinge sind Ameisen, Fliegen, Wespen, Schaben, Silberfische, Motten (Mehlmotte, Dörrobstmotte), Mäuse, Ratten, Kellerschnecken, Milben, Staub- oder Bücherläuse, Käfer und Essig- oder Taufliegen.

Schäden

Schädlinge verursachen Fraßschäden und Verschmutzungen der Lebensmittel (tote Tiere, Häutungsreste, Kot, Spinnfäden u. a.). Sie können aber auch direkt Gesundheitsschäden hervorrufen wie Hauterkrankungen, Allergien der Atemwege, Störungen im Darmtrakt. Von Fliegen, Schaben und Ratten können Krankheitserreger aus Abwasser- oder Abfallbereichen auf Lebensmittel übertragen werden. Darüber hinaus zerstören die Schädlinge Materialien (Verpackung, Möbel, Textilien, Bücher).

Erkennen der Schädlinge

Die meisten Schädlinge sind lichtscheu, deshalb sind sie nicht leicht zu erkennen. Bei der laufenden Kontrolle der Vorräte muss Folgendes beachtet werden:

- sorgfältige äußere Kontrolle der Vorratsschränke auf Raupen und Verpuppungsreste,
- Kontrolle der Verpackungen, besonders der Kanten und Ecken auf Fraßschäden,
- beim Öffnen von Verpackungen auf Spinnfäden kontrollieren,
- bei Verdacht die Packung ausleeren und prüfen, ob Schädlinge davonlaufen,
- bereits beim Einkauf auf Schädlinge achten.

Bekämpfung von Schädlingen

Das befallene Lebensmittel muss beseitigt werden, und zwar so, dass vom Abfalleimer kein neuer Befall ausgehen kann. Es gibt eine Vielfalt von Bekämpfungsmethoden. Physikalische Methoden (Erhitzen über 45 °C, Eingefrieren, Mausefalle, Schädlinge einsammeln) sind in der Großküche nur bedingt einsatzfähig. Biologische Methoden arbeiten grundsätzlich mit Krankheitserregern, Räubern oder Schmarotzern, die gegen die Schädlinge eingesetzt werden. Auch diese Verfahren sind in der Großküche kaum anzuwenden. Die chemische Schädlingsbekämpfung sollte von Fachleuten durchgeführt werden, die sich auf diese Aufgabe spezialisiert haben. Gemeinsam mit den Fachleuten müssen dann auch geeignete Maßnahmen gegen einen Wiederbefall durch die Schädlinge ausgearbeitet werden. Da die Bekämpfung von Schädlingen sehr kostenaufwendig und meistens langwierig ist, kommt der Vorbeugung eine große Bedeutung zu.

Vorbeugung vor Schädlingsbefall

Die beste Vorbeugung ist eine saubere und übersichtliche Lagerhaltung, bei der die Vorräte in dicht schließenden Behältern aufbewahrt werden, lange Lagerzeiten vermieden werden und die richtige Lagertemperatur und Lagerfeuchtigkeit herrschen. Neue Ware muss genauso auf möglichen Schädlingsbefall kontrolliert werden wie der Lagerbestand.

12 Arbeitssicherheit

12.1 Gesetzliche Grundlagen

Alle Arbeitseinrichtungen unterliegen dem **„Gesetz über technische Arbeitsmittel“** (Maschinenschutzgesetz, seit Dez. 1968 in Kraft, 1980 erweitert: Gerätesicherheitsgesetz). Es bestimmt:

- Technische Arbeitsmittel – Maschinen, Geräte und Arbeitseinrichtungen – sollen den Anforderungen der Sicherheitstechnik entsprechen.
- Der *Hersteller* ist für die Sicherheit der von ihm verkauften Arbeitsmittel verantwortlich. Geprüfte Geräte erhalten das Prüfzeichen „GS = geprüfte Sicherheit“.
- Der *Arbeitgeber* muss darüber wachen, dass bei Benutzung der Arbeitsmittel die Sicherheitsvorschriften beachtet werden.
- Die *Berufsgenossenschaften* haben als Träger der Unfallversicherung das Recht und die Pflicht, Unfallverhütungsvorschriften zu erlassen. Sie geben auch Merkblätter zur Unfallverhütung heraus. Berufsgenossenschaftliche Fachausschüsse können auf Antrag des Herstellers Geräte auf Sicherheit prüfen und das Zeichen „GS = geprüfte Sicherheit“ verleihen.
- Die *Gewerbeaufsicht* wacht darüber, dass die Schutzbestimmungen eingehalten werden. Ihre Vertreter haben das Recht, die Betriebsräume zu besichtigen und die Betriebssicherheit zu überprüfen.

Ein besonderes Problem der Großküche sind die Unfälle durch Ausgleiten auf dem glatten und feucht-fettigen Küchenboden. Die Zahl dieser Unfälle übertrifft bei weitem die Zahl der Unfälle aus anderen Ursachen. Nur Schnittverletzungen sind noch relativ häufig, aber ihre Folgen sind nicht so schwer wiegend wie die beim Ausgleiten und Stürzen.

Manche Geräte sind „Schmutzmacher“: Vor Kochkesseln z. B. bilden sich leicht nasse, schmierige Stellen. Rutschgefahr! **Ablaufrost** und **trittsichere Fliesen** vermeiden gefährliche Ausrutscher.

Auch der **Lärmbelastung** muss große Aufmerksamkeit gewidmet werden.

- **Maschinen und Geräte**: Bei Neuanschaffungen sind geräuscharme Maschinen und Geräte zu bevorzugen. Bei bereits vorhandenen, sehr lauten Geräten sind Möglichkeiten der Schalldämpfung zu überprüfen: Getriebe ölen, Motor nachsehen lassen.

- **Ölfeuerung** mit Gebläsebrenner ist sehr laut. Gebläsebrenner sollten möglichst nicht in der Küche installiert werden (s. Kap. 4.4.1).

- **Motorlüfter** (Ventilatoren, Exhaustoren) sind Geräte, deren Einsatz in Zeiten der Spitzenbelastung, also zur Tischzeit, notwendig ist. Darum muss bei diesen Geräten besonders auf geräuscharmen Lauf geachtet werden. (VDI-Richtlinie 2081 „Lärmabwehr bei Lüftungsanlagen" beachten.)

- **Essgeschirr**: Das Geschirrklappern bei der Speisenausgabe, beim Abräumen der Tische und beim Reinigen in der Spülküche trägt stark zum Lärmpegel bei. Mit geeignetem Geschirrmaterial kann hier Abhilfe geschaffen werden (s. Kap. 9.2).

- **Wände und Decken**: Bei starker Lärmentwicklung kann es notwendig werden, Wände oder Decken mit schallschluckender Verkleidung auszurüsten. Das gilt vor allem für die Spülküche und für die Speisenausgabe, teilweise auch für die Speisesäle selbst.

- **Fußböden und Schuhe**: Bodenbeläge, die in hohem Maße schalldämmend und elastisch sind, kommen für Großküchen nicht infrage, da sie nicht genügend abriebfest und wasserbeständig sind. Man verpflichtet darum das Personal, Schuhe mit elastischen und schalldämmenden Sohlen zu tragen.

Der in Küchen auftretende Lärm führt zwar nicht zu Gehörschäden, ein hoher Geräuschpegel behindert aber die Verständigung. Dies kann zu *Fehlentscheidungen und Stress* führen.

Zu geringe **Beleuchtungsstärke** und **Blendung** führen zu vorzeitiger Ermüdung und erhöhter Unfallgefahr. Für Küchen ist eine *Mindest-Nennbeleuchtungsstärke von 500 Lux* erforderlich (s. Kap. 4.3.2).

Arbeitsmittel – Eine gute Gestaltung der Arbeitsmittel kann Hygiene- und Reinigungsarbeiten sicherer und effektiver machen.

- Innenräume von Maschinen, die häufig gereinigt werden müssen, sollen leicht zugänglich sein.

- Unter schweren Geräten sollte ausreichende Bodenfreiheit zum Reinigen gegeben sein, leichte Geräte sind besser zu bedienen, wenn sie frei beweglich sind.

- Bei Schubladen, die normalerweise gegen das Herauskippen gesichert sind, sollte bei Reinigungsarbeiten diese Sicherung leicht aufzuheben und die Schublade herausnehmbar sein. Auch alle Einsätze in Schubladen oder Schränken sollten sich zur Reinigung leicht herausnehmen lassen.

Die *Sicherheitsprüfung* der Arbeitsmittel vor der ersten Inbetriebnahme ist unbedingt notwendig. Sie muss in angemessenen Zeitabständen sowie nach Änderung oder Instandsetzungen wiederholt werden.

Arbeitskleidung – In der Küche darf während der Arbeit nur Kleidung getragen werden, durch die keine Arbeitsunfälle verursacht werden können. Besonders wichtig ist dabei das Schuhwerk. Für das Küchenpersonal geeignet sind entweder „Sicherheitsschuhe" im Sinne des § 4 der Unfallverhütungsvorschrift „Allgemeine Vorschriften" oder mindestens Schuhe, die im vorderen Bereich vollkommen geschlossen sind, Fersenriemen aufweisen, Absätze mit mäßiger Höhe haben, widerstandsfähige und rutschhemmende Sohlen und Absätze besitzen und über ein ausgeformtes Fußbett verfügen.

Unterweisung – Der Verantwortliche für den Küchenbereich hat die Pflicht, die Beschäftigten über die bei ihren Tätigkeiten auftretenden Gefahren sowie über die Maßnahmen zu ihrer Abwendung zu belehren. Diese Belehrung sollte nicht nur bei der Einstellung erfolgen, sondern das Personal sollte in angemessenen Zeitabständen, mindestens jedoch einmal jährlich, unterwiesen werden.

12.3 Verhaltensregeln zur Unfallverhütung

- Achten Sie auf Ordnung und Sauberkeit im Arbeitsraum und am Arbeitsplatz.
  Speisebetriebe richten ihr Hauptaugenmerk auf den Fußboden vor der Speisenausgabe und im Speisesaal: Verschüttete Speisen sind die Hauptursache für das Ausgleiten und Stürzen. Das Bedienungspersonal kann nicht zwischendurch zum Putzlappen greifen, um verschüttete Speisen aufzuwischen. Eine zum Putzen beauftragte Person muss für den Schutz aller sorgen.

- Räumen Sie auf, was gerade nicht gebraucht wird. Herumstehende Dinge hindern Ihre Bewegung und machen Sie unsicher.
  In der Küche muss der Durchgang zwischen den Arbeitstischen und Kochgeräten stets freigehalten werden. Niemals dürfen Kübel und Töpfe mit heißem Inhalt auf dem Boden abgestellt werden.

- Füße brauchen sicheren Halt beim Stehen, Gehen und Steigen.
  In Küchen ist die Gefahr des Ausgleitens auf feuchtem Fußboden besonders groß: Terrazzo oder Fliesen mit glatter Oberfläche sind als Küchenböden ungeeignet, bei Fliesen, die nur an der Oberfläche aufgeraut sind, ist der Verdrängungsraum für Flüssigkeiten zu gering. Bewährt haben sich Fliesen mit ausgeprägtem Profil (z. B. Waffelprofil), die in unglasierter Ausführung beste Trittsicherheit bieten, allerdings schwer zu reinigen sind. Als Kompromiss bietet sich an, den Gehbereich mit trittsicheren Profilfliesen auszulegen und an schwer zugänglichen Stellen (z. B. unter fest eingebauten Geräten) leicht zu reinigende, glatte Bodenbeläge zu verwenden.

- Vorsicht im Umgang mit spitzen, scharfen und heißen Gegenständen.
  Schmutzige Küchenmesser und scharfe Maschinenteile werden nicht ins Spülbecken geworfen, sondern in einem eigenen Messerbehälter gesammelt und mit besonderer Vorsicht gereinigt.
  In der Großküchenpraxis ist es üblich, heiße Gegenstände mit Mehl zu bestäuben, um ahnungslose Mitarbeiter vor Berührung zu warnen. Mehlstaub bedeutet: Kann heiß sein!

- Pflegen Sie die Arbeitsgeräte: Stumpfe, rostige, wacklige oder schadhafte Geräte sind gefährlich.
  Besondere Aufmerksamkeit ist den Elektroanschlüssen zu widmen: Schadhafte Kabel und Stecker sind gefährlich, ganz besonders dann, wenn es sich um Drehstromanschlüsse mit 380 V handelt.
  Fahrgestelle für Maschinen: Universalküchenmaschinen müssen mit einer Feststellvorrichtung versehen sein, damit das Gerät während der Arbeit nicht wegrollt. Es ist darüber zu wachen, dass die Feststellmöglichkeit auch genutzt wird!

- Vorsicht im Umgang mit Maschinen, Heiz-, Gas- und Elektrogeräten. Achten Sie auf die Sicherheitsvorrichtungen und halten Sie sich an die Bedienungsvorschriften.
  Elektrische Kochgeräte und Maschinen sind in Großküchen über einen eigenen Stromkreis abzusichern. Alle Hauptschalter sollten mit Kontrolllampen versehen sein, um mit kurzem Blick zu erkennen, ob alles ordnungsgemäß ausgeschaltet ist.
  30 % aller Maschinenunfälle ereignen sich beim Reinigen und Warten! Hierbei ist besondere Vorsicht geboten.
  Nach jeder Reinigung einer Maschine soll eine Betriebskontrolle erfolgen: Die Maschine wird im Leerlauf eingeschaltet. Werden Mängel beobachtet, so wird dem Küchenchef Meldung gemacht und an dem schadhaften Gerät ein Zettel mit dem Hinweis auf die beobachteten Mängel angebracht.

- Vorsicht im Umgang mit Giftstoffen, mit feuergefährlichen Stoffen, mit Dampf und kochend heißer Brühe.

- Vorsicht mit Grill- und Frittiergeräten: Schmutzkrusten von erhitztem Fett enthalten selbstentzünd-

Raumtextilien wie Vorhänge, Teppichböden, Stuhlbezüge haben auch im Speisesaal schmückende und gestaltende Funktion. Zudem dämpfen sie den Schall und tragen zu einer wohnlichen Atmosphäre bei. Stores und Vorhänge verhindern die Einsicht von außen und können das einfallende Tageslicht regulieren; auch als Raumteiler können Vorhänge eingesetzt werden. Bevorzugt werden Raumtextilien in kleinen Speiseräumen eingesetzt, bei denen stark auf wohnlichen Charakter geachtet wird.

Tischdecken sollten in Sanatorien, Kurheimen, Altenheimen eingesetzt werden, da sie neben ihrer dekorativen Wirkung auch schalldämmend sind. In großen Kantinen und Mensen mit Selbstbedienung ist Tischwäsche nicht angebracht. Es sollten aber immer Papierservietten bereitliegen.

Der **Fußbodenbelag** soll Schritt- und Stuhlgeräusche dämpfen. Gleichzeitig muss er pflegeleicht, hygienisch und rutschfest sein. Ein textiler Bodenbelag ist für Speiseräume nicht geeignet.

Wände und Decke können in geeigneter Ausgestaltung ebenfalls zur Schalldämmung beitragen. Ihre farbliche Gestaltung sollte freundlich und nicht aufdringlich sein. Bilder, Blumen und andere dekorative Elemente tragen zur Belebung bei.

Beleuchtung als Allgemeinbeleuchtung wirkt eher sachlich, die direkt tischbezogene Beleuchtung trägt stärker zur Gemütlichkeit bei. Die Helligkeit muss in beiden Fällen ausreichend sein. Während des Tages sollte die **Belichtung** durch die Fenster eine elektrische Beleuchtung unnötig machen (s. auch Kap. 4.3).

Eine gute **Belüftung** des Speisesaales ist sehr wichtig. Nur sehr kleine Speiseräume kommen eventuell mit reiner Fensterlüftung aus. Im Allgemeinen werden Motorlüfter oder Klimaanlagen benötigt (s. auch Kap. 4.2).

Bei der Bauplanung eines Speiseraumes ist die Einrichtung einer **Nichtraucherzone** vorzusehen. Dieses wird in der Arbeitsstättenverordnung vorgeschrieben, um Nichtraucher vor Belästigung durch Tabakrauch zu schützen.

Leise **Musik** aus dem Hintergrund sollte nur in kleineren Speiseräumen ertönen, in denen der Lärmpegel von vornherein niedrig ist und Musik die Unterhaltung der Tischgäste nicht stört.

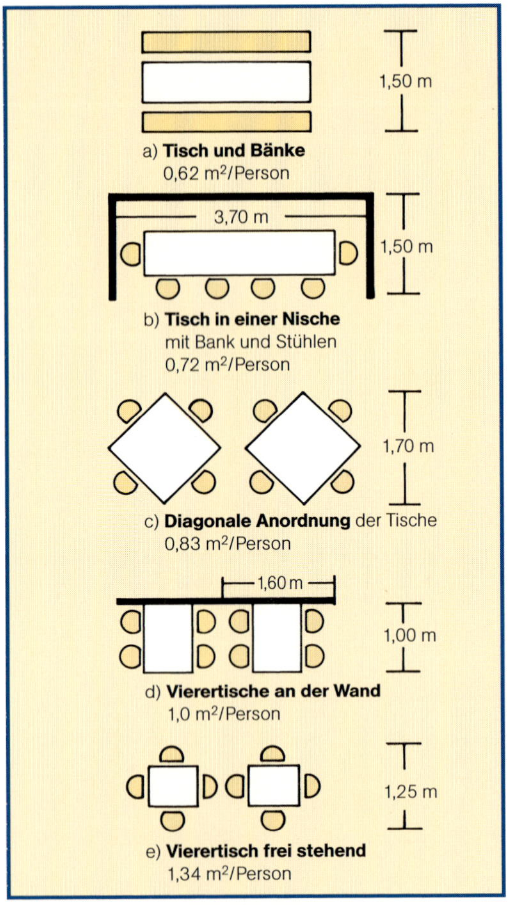

Tischaufstellung und Platzbedarf

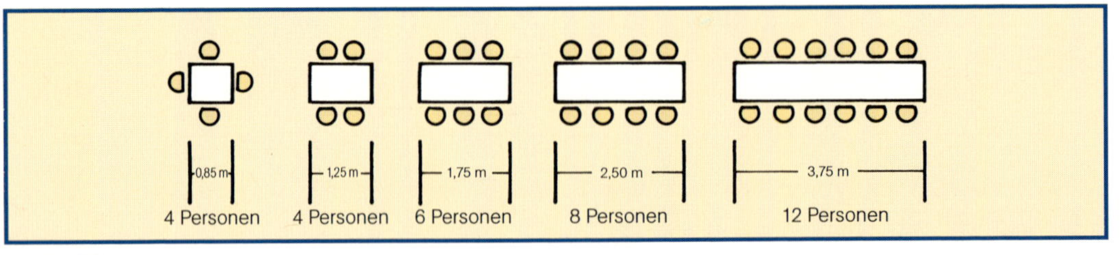

Tischgrößen

13.1.2 Sozial- und Sanitärräume

Dem Großküchenpersonal müssen eigene Sozial- und Sanitärräume zur Verfügung stehen. Sie dienen der Erholung in den Pausen und der Körperhygiene. Zu den Sozialräumen gehören die Pausenräume, der Personalspeiseraum oder das Personalkasino, evtl. auch Kindergärten und Verkaufsstellen für Artikel des täglichen Bedarfs. Als Sanitärräume gelten die Umkleideräume, die Waschräume und Toiletten, der Sanitätsraum, der Ruheraum und der gegebenenfalls für Mütter einzurichtende Stillraum. Die an solche Nebenräume zu stellenden Anforderungen sind gesetzlich geregelt in der Gewerbeordnung, dem Bürgerlichen Gesetzbuch, den Unfallverhütungsvorschriften und in verschiedenen Länderverordnungen (z. B. in der Arbeitsstättenverordnung).

Sozialräume wie **Pausenraum** und **Personalspeiseraum** dürfen nicht im Kellergeschoss liegen. Pro Person einer Pausenschicht müssen mindestens 1,5 m^2 Fläche zur Verfügung stehen. Sind mehr als zehn Jugendliche in einem Betrieb beschäftigt, so ist ihnen ein gesonderter Pausenraum zur Verfügung zu stellen. Ebenso ist darauf zu achten, dass Nichtraucher im Pausenraum nicht von Rauchern belästigt werden; gegebenenfalls sind für Raucher und Nichtraucher getrennte Pausenräume einzurichten. Für den Speiseraum des Personals, seine Einrichtung und Ausstattung gilt sinngemäß das in Kapitel 13.1.1 Gesagte.

Als Sanitärräume sind **Umkleideräume**, **Waschräume** und **Toiletten** sehr wichtig. In den Umkleideräumen, die für Männer und Frauen getrennt einzurichten sind, muss jedem Mitarbeiter ein abschließbarer Schrank oder ein Schließfach zur Verfügung stehen, damit er darin persönliche Wertsachen (Geld, Ausweispapiere) unterbringen kann. Sitzgelegenheiten (zum Wechseln der Schuhe), Spiegel und Abfallbehälter dürfen nicht fehlen. Umkleideräume sollen auch mit den Waschräumen und Toiletten Verbindung haben. Die **Wasch- und Duschräume** müssen mit Kalt- und Warmwasser ausgestattet und heizbar sein; ihr Fußboden soll rutschfest sein, darf aber nicht mit Holzrosten ausgerüstet werden. Auch im Vorraum zur Toilette muss eine Waschgelegenheit zur Verfügung stehen. Die **Toiletten** sollen in der Nähe des Waschraumes, aber auch nahe beim Arbeitsplatz liegen; ihre Anzahl richtet sich nach der Zahl der Beschäftigten: eine Toilette für zehn Personen. Die Toilettenanlagen sind nach Geschlechtern zu trennen; eine Anlage darf nicht mehr als zehn Toilettenzellen umfassen. Der Toilettenvorraum soll mit Handwaschbecken, Spiegel und Aschenbecher, einem Händetrockner oder Papierhandtuchspender und Abfallbehälter ausgerüstet sein; für je fünf Toilettenzellen ist ein Waschbecken vorzusehen. Damentoiletten sind mit Hygienebehältern, Herrentoiletten mit Urinalbecken auszustatten.

Sanitätsräume sind bei mehr als 100 Beschäftigten einzurichten. Zu ihrer Ausstattung gehören: Verbandstisch, Liege, Trage, Verbandskasten sowie ein Waschbecken mit Warm- und Kaltwasser. **Ruheraum und Stillraum** sind einzurichten, wenn in einem Betrieb mehr als 50 Frauen beschäftigt sind.

Zufriedenheit des Personals schafft gutes Arbeitsklima!

Handgeräte: Putzwasserbehälter und ein Stielgerät mit aufgesetztem Textilschuh oder Nasswischmopp werden auf einem Fahrgestell zum Einsatzort gerollt. Am Fahrgestell können auch Halterungen für das Stielgerät und einen Abfallsack angebracht sein, ferner Körbe zum Einstellen von Reinigungsmitteln oder zum Einlegen von Tüchern, Säcken und Putzschuhen; auch eine Mopppresse kann installiert sein (s. Abb. Gerätewagen).

Bürstmaschinen: Sie arbeiten mit rotierenden Bürstscheiben, die je nach Verwendungszweck mit unterschiedlichen Borsten ausgerüstet sind und ausgewechselt werden können; man kann damit entschichten, schrubben, shampoonieren oder bohnern. Neben *Einscheibenmaschinen*, die mit nur einer Bürstscheibe von 40 bis 50 cm Durchmesser arbeiten, gibt es auch *Mehrscheibenmaschinen*, bei denen drei Bürstteller nebeneinander rotieren und damit eine größere Arbeitsbreite erreichen. – In Kombination mit einem Tank für Reinigungslösung und einem **Nass-Trocken-Sauger** kann der Schmutz sowohl trocken als auch feucht losgebürstet und abgesaugt werden (s. Abb. Bürstmaschine).

Hochdruckgeräte: Sie arbeiten mit einem unter hohem Druck stehenden Wasserstrahl, der den Schmutz löst; anschließend muss das Schmutzwasser, wenn es nicht in einen Gully ablaufen kann, mit dem Nasssauger aufgenommen werden.

Als Kombigeräte gibt es den *Waschsauger* (für kleinere Flächen) oder den *Multicleaner* (für größere Flächen). Bei beiden Geräten wird über die Bodendüse Reinigungslösung aufgesprüht und mit dem Nasssauger wird das Schmutzwasser wieder aufgenommen. Es sind Zweikammer-Geräte mit Frischwasserkammer für die Reinigungslösung und Schmutzwasserkammer. An stärker verschmutzten Stellen kann mit den Scheuerbürsten der Bodendüse die Schmutzlockerung forciert werden (s. Abb. Multicleaner).

Neben den frei beweglichen Hochdruckgeräten gibt es auch stationäre Hochdruckanlagen mit Schlauchleitungen zu den Einsatzorten, denn in Großbetrieben gibt es für die Hochdruckreinigung vielerlei Einsatzmöglichkeiten: neben der Fußbodenreinigung auch die Reinigung von Wänden und Decken, z. B. die gefliesten Wände in Küchen, Kühlräumen, Sanitäreinrichtungen; auch Großküchengeräte, wie Backöfen, Grilleinrichtungen und Spülmaschinen lassen sich mit Hochdruck bestens reinigen; dabei ist zu beachten, dass der Hochdruckstrahl über entsprechende Düsen gezielt aufgesprüht werden kann und nicht in die Umgebung streut (s. Abb. S. 106).

Kehrmaschinen, die mit Bürstwalzen und seitlichen Besenscheiben arbeiten, teilweise auch mit Saugeinrichtung ausgestattet sind, werden ausschließlich im Außenbereich (Hof) eingesetzt.

Gerätewagen
Rechts die Halterung für das Stielgerät, über dem Putzeimer die Mopppresse

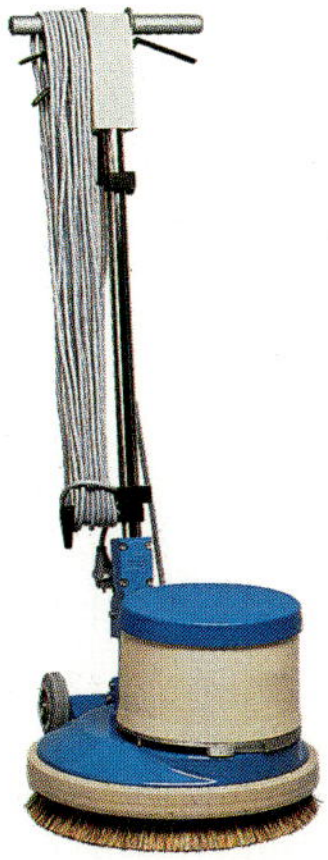

Einscheibengerät als **Bürstmaschine**. Ein 10-l-Tank für Reinigungslösung oder ein steckfertig vormontiertes Staubsaugsystem kann über dem Motorblock angebracht werden.

Multicleaner bei der Bodenpflege: Reinigungslösung wird mit Hochdruck aufgesprüht und nach Schmutzablösung wieder abgesaugt.

Anwendungsbeispiele für Reinigungsgeräte, die über Schläuche mit einer stationären Hochdruckanlage verbunden sind:

Punktstrahldüse für hartnäckige Rückstände

Handdüse zur Reinigung von beschichteten und lackierten Oberflächen

Reinigungsverfahren für PVC-Fußböden (Sozialräume, Küchenbüro) bzw. für glatte Böden sind:

- Nasswischverfahren
- Feuchtwischverfahren
- Cleaner-Verfahren

Nasswischverfahren: Die *„unterhaltende" Fußboden-Nassreinigung* wird zumeist mit der *Doppelfahreimer-Methode* (Nasswischmopp, ergänzt mit Doppelfahreimer und installierter Mopppresse) durchgeführt. Das Putzwasser enthält chemische Mittel mit reinigender und pflegender Komponente. Der Pflegeeffekt (Glanz) tritt erst nach mehrmaligem Wischen ein, eine Grundreinigung mit Selbstglanzemulsion ist nicht erforderlich. Desinfizierende Wirkstoffe sind ohne zusätzlichen Arbeitsaufwand einsetzbar. Das Nasswischverfahren ist unproblematisch anzuwenden und bei starkem Schmutzanfall geeignet. Allerdings ist die Quadratmeterleistung in einer Stunde geringer als bei anderen Verfahren.

Feuchtwischverfahren: Hier wird bei der Grundreinigung der Boden mit einer strapazierbaren, wasserfesten *Selbstglanzemulsion* beschichtet. Die Unterhaltsreinigung erfolgt mit nebelfeuchten Wischgeräten. Der Feuchtigkeitsgrad muss richtig gewählt sein, da bei zu geringer Feuchtigkeit Staub und Schmutz nicht gebunden werden und bei zu starker Feuchtigkeit Schmierspuren entstehen. Bei Bedarf wird der Belag poliert, wobei ein besonderer Glanz erzeugt wird. Das Feuchtwischverfahren ist bei starker Verschmutzung nicht geeignet, besonders nicht beim Einsatz antibakterieller Wirkstoffe. Nach sorgfältiger Einweisung der Arbeitskräfte kann die Unterhaltsreinigung mit geringer körperlicher Belastung und einer hohen Flächenleistung durchgeführt werden.

Cleaner-Verfahren: Für das Cleanern sind Einscheiben- oder Mehrscheiben-Reinigungsmaschinen nötig, mit denen in *einem Arbeitsgang* das Cleanermittel auf den Boden gesprüht und der Boden abgerieben und poliert wird. Auf die Bohnerscheiben der Maschine sind bei Kunststoffscheiben Pads aufgelegt, die den abgeriebenen Schmutz aufnehmen und nach einiger Zeit ersetzt werden müssen. Aufgrund des hohen Anschaffungspreises empfiehlt sich ein Auswaschen der Pads. Mit dem Cleaner-Verfahren wird auch bei beträchtlicher Schmutzbelastung ein gleichmäßig gutes Aussehen erzielt, allerdings wird ein Teil des Schmutzes nicht aufgenommen, sondern in den Pflegefilm eingerieben. Für ein gutes Ergebnis sind eine *genaue Cleaner-Dosierung* sowie eine gewisse Geschicklichkeit im Umgang mit der Maschine wichtig.

Als **Reinigungsverfahren für stark verschmutzte Fliesenböden** kommen infrage:

- Abspritzen
- Hochdruckreinigung
- Scheuern

Abspritzen ist nur für lose aufliegenden oder wasserlöslichen Schmutz geeignet. Bei rauen Bodenbelägen ist die Wirkung oft nicht ausreichend. Ebenso ist die Entfernung von Schmutzwasser mit Wasserschiebern bei rauen Böden unzureichend. Als einzige Reinigungsmethode kann dieses Verfahren für Großküchen deshalb nicht akzeptiert werden.

Hochdruckreinigung ist wesentlich wirkungsvoller als reines Abspritzen. Reinigungs- oder Desinfektionsmittel können dem Wasserstrahl zugesetzt werden. Die Hochdruckreiniger sind – mit mehreren unterschiedlichen Sprühaufsätzen ausgestattet – für verschiedene Reinigungsaufgaben einsetzbar, z. B. auch zur Gefäßreinigung. Bei regelmäßiger Bearbeitung der Fliesenböden mit Hochdruckreinigern besteht leider die Gefahr, dass die Fugen durch den Druck des Wasserstrahles ausgespült werden.

Scheuern und Aufsaugen des Schmutzwassers mit Hochleistungssaugern ist ein wirkungsvolles Reinigungsverfahren. Die beiden Vorgänge Scheuern und Saugen können mit zwei getrennten Geräten (Mehrscheiben-Reinigungsmaschine und Hochleistungssauger) oder mit einem Kombigerät (Multicleaner) durchgeführt werden. Zumindest für die Grundreinigung sollte dieses Verfahren in der Großküche und allen dazugehörigen Räumen eingesetzt werden.

Reinigungsverfahren für Teppichböden im Sozialbereich:

- Staubsaugen
- Shampoonieren
- Sprühextraktionsreinigung

Staubsaugen ist für die tägliche Unterhaltsreinigung geeignet. Beim Staubsaugen wird nicht klebender Schmutz im oberen Bereich des Teppichflors abgesaugt. Eine Tiefenreinigung kann mit dem Staubsauger kaum erreicht werden.

Shampoonieren/Pulverreinigung/Trockenreinigung: Bei diesen Verfahren wird in den Teppichboden mit den Bürstwalzen von Einscheibenmaschinen ein Reinigungsmittel eingerieben, das die Fähigkeit hat, den Schmutz zu lösen und zu absorbieren. Nach einer Einwirk- bzw. Trocknungszeit werden die Partikel des Reinigungsmittels mit dem daran haftenden Schmutz abgesaugt. Im Teppichboden können Reste des chemischen Reinigungsmittels zurückbleiben, was die Fasern verkleben und auch zu einer schnelleren Wiederanschmutzung führen kann.

Sprühextraktionsreinigung (Waschreinigung): Zur Grundreinigung von Teppichböden wird bei der Sprühextraktion ein Reinigungsgemisch aus Wasser und einem Reinigungsmittel mit Druck in den Teppichflor eingesprüht und wieder abgesaugt. Der Schmutz wird dabei vom tiefen Florgrund herausgespült. Bei normalen Verschmutzungen können Sprühen und Absaugen in einem Arbeitsgang erfolgen. Bei hartnäckigen Verschmutzungen muss mit dem Reinigungsmittel vorgesprüht werden, damit sich der Schmutz auflösen kann. Bei einem zweiten Durchgang werden dann die Teppichfasern gründlich mit klarem Wasser nachgespült. Die Restfeuchte im Teppichboden liegt bei diesem Verfahren bei rund 15 %.

Chemische Mittel zur Teppichbodenreinigung müssen in der Lage sein, Schmutzpartikel zu lösen und zu absorbieren. Sie sollten geruchlos sein, keine oder geringe Rückstände hinterlassen, schnell trocknen, gut die Flecken entfernen und auf allen Fasern anwendbar sein.

Reinigungsgeräte für Teppichböden:

- **Staubsauger** unterscheiden sich in der Saugkraft, dem Bedienungskomfort, den Zubehörteilen und der Staubfilterung. Die Saugkraft von

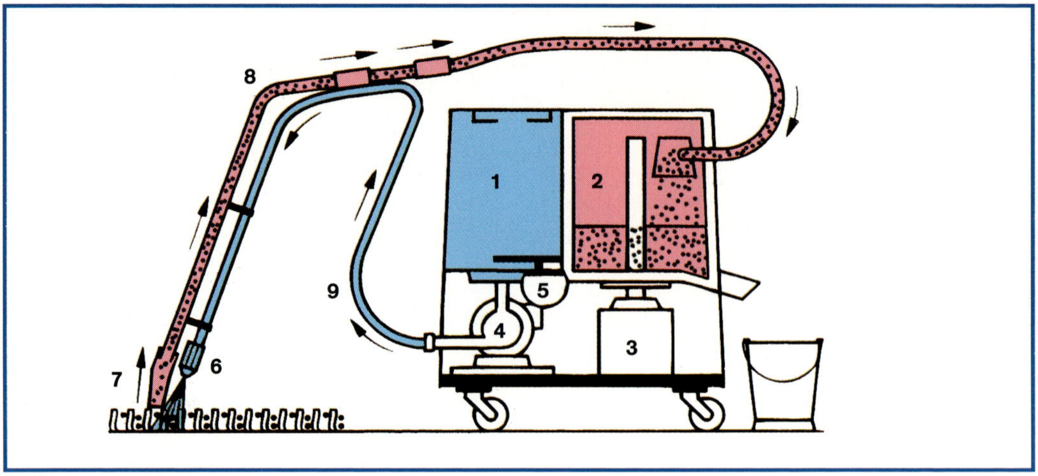

Sprühextraktionsgerät
1 Behälter für Heißwasser und Reiniger
2 Behälter für Schmutzwasser
3 Sauggebläse
4 Laugenpumpe
5 Laugenheizung
6 Sprühdüse
7 Saugdüse
8 Saugschlauch
9 Druckschlauch

Staubsaugern wird durch die Motorkraft, die Düsengestaltung und die Filterung bestimmt. Es gibt Staubsauger mit feinsten Filtern, bei denen die Ausblasluft auch Hausstauballergikern keine Probleme macht.

- **Shampooniergeräte** sind Geräte mit elektrisch betriebenen Bürsten, die das chemische Mittel in den Teppichboden einbürsten.
- **Sprühextraktionsgeräte** sind zum Sprühen mit einer Pumpe, einem Kanister und einer Sprühlanze ausgestattet und zum Saugen mit einem Sauggebläse. Das Sprühen kann auch unter Druck geschehen.
- **Allround-Reinigungsmaschinen** können für glatte Bodenbeläge und Teppiche eingesetzt werden. Glatte Böden können mit ihnen geschrubbt, gereinigt und poliert werden.

14.3 Reinigungsmittel und Verbrauchsmaterial für die Großküche

Die **Grundausstattung mit Reinigungsmitteln** für eine Großküche sollte folgende Mittel umfassen: Grundreiniger (Universalreiniger), Geschirrspülmittel (fest, flüssig), Klarspüler, Handspülmittel, Kraftreiniger, Edelstahlreiniger, Scheuermittel, auf die Fußböden abgestimmte Pflege- und Reinigungsmittel, Sanitärreiniger, Flüssigseife für die Hände, Händedesinfektionsmittel und Flächendesinfektionsmittel.

Für den gewerblichen Bereich gibt es neben den Universalreinigern eine Vielzahl von **Grundreinigern für den speziellen Einsatz**:

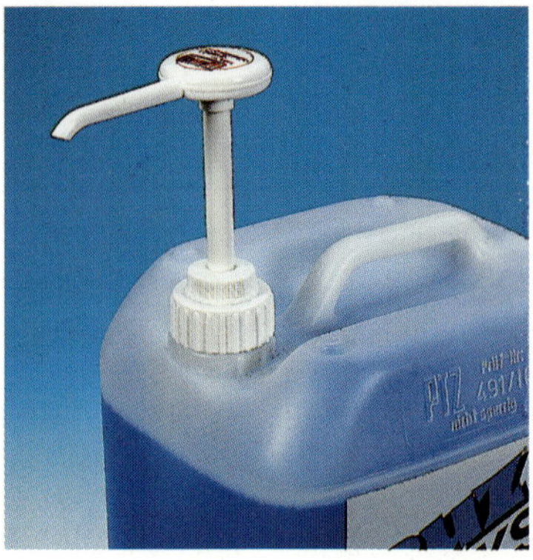

Dosierpumpe

- Grundreiniger mit Lösekraft gegenüber Wachsen, Seifen und Versiegelungsresten,
- Grundreiniger für besonders hartnäckige Verschmutzungen durch Fette und Öle,
- Grundreiniger zur Bearbeitung von wasser- und alkalifesten Flächen, für die Grill- und Backofenreinigung,
- Grundreiniger zur Entfernung von alten Wasser-, Urin- und Kalksteinablagerungen,
- Grundreiniger, die Chlor abspalten, bleichend und desinfizierend wirken.

Welche Reinigungsmittel eingesetzt werden, muss im Einzelfall entschieden werden.

Die richtige **Dosierung** von Reinigungs- und Pflegemitteln ist wichtig, damit die Mittel gute Reinigungsergebnisse bei geringer Umweltbelastung erzielen. Hilfen für die richtige Dosierung sind Schraubkappen, Portionsbeutel, Dosierpumpen (Abb. s. S. 108), Dosierflaschen mit Skala oder auch Reinigungsmittelbehälter mit Dosiervorrichtungen.

Verbrauchsmaterial
Hilfsmittel für die Reinigung wie Schwämme, Bürsten, Allzweck- und Wischtücher oder der Wischmopp tragen zur leichteren Reinigung und zum Einsparen von Reinigungsmitteln bei. Sie müssen regelmäßig erneuert oder gereinigt werden. Ihre Aufbewahrung muss getrennt von den Lebensmitteln gewährleistet sein.

14.4 Desinfektion

Bei einer Desinfektion werden krankheitserregende Keime vernichtet oder zumindest so beeinflusst, dass sie sich nicht mehr vermehren und nicht auf andere Personen oder Gegenstände übertragen werden können. Desinfektionsverfahren arbeiten entweder mit physikalischen Maßnahmen (z. B. Einsatz von UV-Strahlung, trockene oder feuchte Hitze) oder mit chemischen Mitteln.

Die optimale Wirkung eines chemischen Desinfektionsverfahrens wird nur erreicht, wenn die Einwirkungszeit ausreichend lang und die Konzentration des Mittels richtig ist. Eine ständige Unterdosierung kann zur Resistenz der Keime führen. Vor der Desinfektion müssen die Oberflächen von grobem Schmutz befreit und gut gereinigt werden. Nach der Desinfektion muss mit klarem Wasser nachgespült werden. Desinfektionsmittel dürfen nicht beliebig mit Reinigungsmitteln gemischt werden. Ein vorschriftsmäßiges Arbeiten bei der chemischen Desinfektion ist unbedingt erforderlich.

In der Großküche spielt vor allem die Gefahr der Verunreinigung mit Salmonellen eine Rolle. Fußböden, Einrichtungsgegenstände, Türen und Wände, Geräte und die Hände des Personals müssen desinfiziert werden. Es dürfen nur solche Desinfektionsmittel verwendet werden, die auch für den Lebensmittelbereich geeignet sind. Die regelmäßige Verwendung von Allzweckreinigern mit desinfizierenden Zusätzen ist nicht sinnvoll, weil sie eine Resistenz der Keime verursachen können.

14.5 Reinigungs- und Hygieneplan

Um eine regelmäßige und gründliche Reinigung zu sichern und kontrollierbar zu machen, sollten für alle zu reinigenden Bereiche Reinigungs- und Hygienepläne eingeführt und ausgehängt werden. Die verantwortlichen Personen bestätigen mit ihrer Unterschrift, dass sie die vorgeschriebene Reinigung ordnungsgemäß durchgeführt haben. Für die Unterhaltsreinigung und die Grundreinigung in einer Küche könnte der Reinigungs- und Hygieneplan folgendermaßen aussehen:

Unterhaltsreinigung Küche				
Wie oft?	**Was?**	**Womit?**	**Wie?**	**Wer?**
täglich	benutzte Maschinen u. Geräte	Allzweckreiniger für Küche	feucht abwischen, mit klarem Wasser nachwischen	
täglich	sämtliche Arbeitsflächen	Allzweckreiniger für Küche	feucht abwischen, mit klarem Wasser nachwischen	
nach Verarbeitung von Geflügel, Hackfleisch, rohen Eiern	alle Maschinen und Gerräte	Allzweckreiniger, Desinfektionsmittel	reinigen, dann desinfizieren und auf Gebrauchsanleitung achten	
nach Verarbeitung von Geflügel, Hackfleisch, rohen Eiern	sämtliche Arbeitsflächen	Allzweckreiniger, Desinfektionsmittel	reinigen, dann desinfizieren und auf Gebrauchsanleitung achten	
täglich	Edelstahlspüle	Scheuermilch	mit Scheuermilch einreiben, mit klarem Wasser abspülen, trockenreiben	
täglich	Fußboden	Fußbodenreiniger	feucht wischen, eventuell nass scheuern	
täglich	Türgriffe und Lichtschalter	Allzweckreiniger	feucht abwischen, mit klarem Wasser nachwischen	
täglich	Abfallbehälter	Allzweckreiniger	ausleeren, feucht abwischen, mit klarem Wasser nachwischen	
täglich	Siebe der Spülmaschine leeren		mit klarem Wasser abspülen	

Grundreinigung Küche				
Wie oft?	**Was?**	**Womit?**	**Wie?**	**Wer?**
wöchentlich	Kühlschrank innen	Allzweckreiniger	ausräumen, feucht auswischen, mit klarem Wasser nachwischen	
wöchentlich	sämtliche Außenflächen der Schränke	Allzweckreiniger	feucht abwischen	
wöchentlich	Dunstabzugshaube	Allzweckreiniger	feucht abwischen	
monatlich	sämtliche Schränke innen	Allzweckreiniger	ausräumen, feucht auswischen, mit klarem Wasser nachwischen	

15 Wäschepflege

15.1 Grundsätzliche Überlegungen zur Wäschepflege

Folgende **Wäschearten** können in einem Großhaushalt anfallen:

- Handtücher und Bettwäsche
- Bettwäsche, stark verschmutzt (z. B. aus einem Pflegeheim)
- Problemwäsche aus dem Krankenhaus, mit Krankheitserregern infiziert
- Berufs- und Schutzkleidung (Problemwäsche: Metzgerkittel)
- Putztücher, Küchentücher
- Tischtücher, Servietten
- Vorhänge und Stores
- Leibwäsche, persönliche Wäsche von Heimbewohnern
- Oberbekleidung von Heimbewohnern

Art und Stärke der Verschmutzung ist bei diesen Wäschearten unterschiedlich. Eine spezielle Behandlung wird im Hinblick auf das *Waschmittel*, das *Waschverfahren*, die *Waschtemperatur* und die damit verbundene Keimabtötung sowie auf die *Arbeitsorganisation* in der Wäscherei notwendig.

Krankenhauswäsche und Wäsche aus Pflegeheimen muss so gewaschen werden, dass die schmutzige Wäsche in keinem Bereich in Kontakt mit der sauberen Wäsche kommen kann, d. h., der „reine" und der „unreine" Bereich müssen vollständig voneinander getrennt sein. Mit Kot verschmutzte Wäsche wird in einem Extraraum gelagert und vorgewaschen, bevor sie in der Wäscherei bearbeitet wird.

Die Wäsche kann in der hauseigenen Wäscherei gewaschen oder an eine externe Firma vergeben werden. Bei der Entscheidung für eines dieser Verfahren müssen die vorhandenen Bedingungen (Räume, Personal, Maschinerie), das Wäscheaufkommen und die Kosten für die Wäschevergabe berücksichtigt werden.

Bei der **hauseigenen Wäscherei** können z. B. 100 kg Wäsche aus einem Altenheim (Handtücher, Bettwäsche – auch stark verschmutzte – und Leibwäsche) von zwei Vollarbeitskräften am Tag gewaschen, getrocknet und gebügelt werden.

Die **Wäschevergabe** an eine Großwäscherei hat den Vorteil, dass für die Wäschepflege im eigenen Betrieb keine Raum- und Investitionskosten und keine Personalkosten entstehen. Die entstehenden Kosten bei der Vergabe sind klar zu erfassen und zuzuordnen. Auch bei einer geringeren Wäschemenge ist durch den Einsatz spezialisierter Geräte eine professionelle Wäschebearbeitung gesichert und umweltfreundliches und energiesparendes Waschen möglich.

Bei dem **Mietwäschesystem** bietet eine Servicefirma ein komplettes Leistungspaket an. Die benötigte Wäsche oder Berufskleidung wird von ihr angeschafft, gepflegt und instand gehalten und von dem Nutzer gemietet. Die Servicefirma stellt sicher, dass die benötigten Artikel rechtzeitig in der entsprechenden Menge und Qualität zur Verfügung stehen. Sammelboxen für die gebrauchte Kleidung werden zur Verfügung gestellt, die Abholung, das Waschen und die Anlieferung werden organisiert. Für Arbeitskleidung gibt es Schranksysteme, in denen jeder Mitarbeiter über ein eigenes Schrankfach verfügt. Dieses Schrankfach wird vom Mietservice mit der persönlichen Bekleidung bestückt.

Die **Ablauforganisation der Wäschepflege** ist ein wichtiger Faktor zur Kostenreduzierung. Das Einsammeln und Sortieren der Wäsche ist zeitaufwendig. Durch richtige Organisation und den Einsatz sinnvoller Hilfsmittel kann hier viel Zeit eingespart werden. Bereits beim Einsammeln sollte die Wäsche nach Verschmutzung und Wäscheart sortiert werden. **Hilfsmittel** hierbei sind:

- **Wäschewagen** (für Schmutzwäsche und gereinigte Wäsche getrennt!),
- **Wäschesäcke aus Kunststoff** in unterschiedlichen Farben für verschiedene Wäschearten,
- **Wäschesäcke aus Textilmaterial**, die mitsamt der Füllung in die Waschmaschine gegeben werden, sich dort aufwickeln und den Inhalt freigeben.

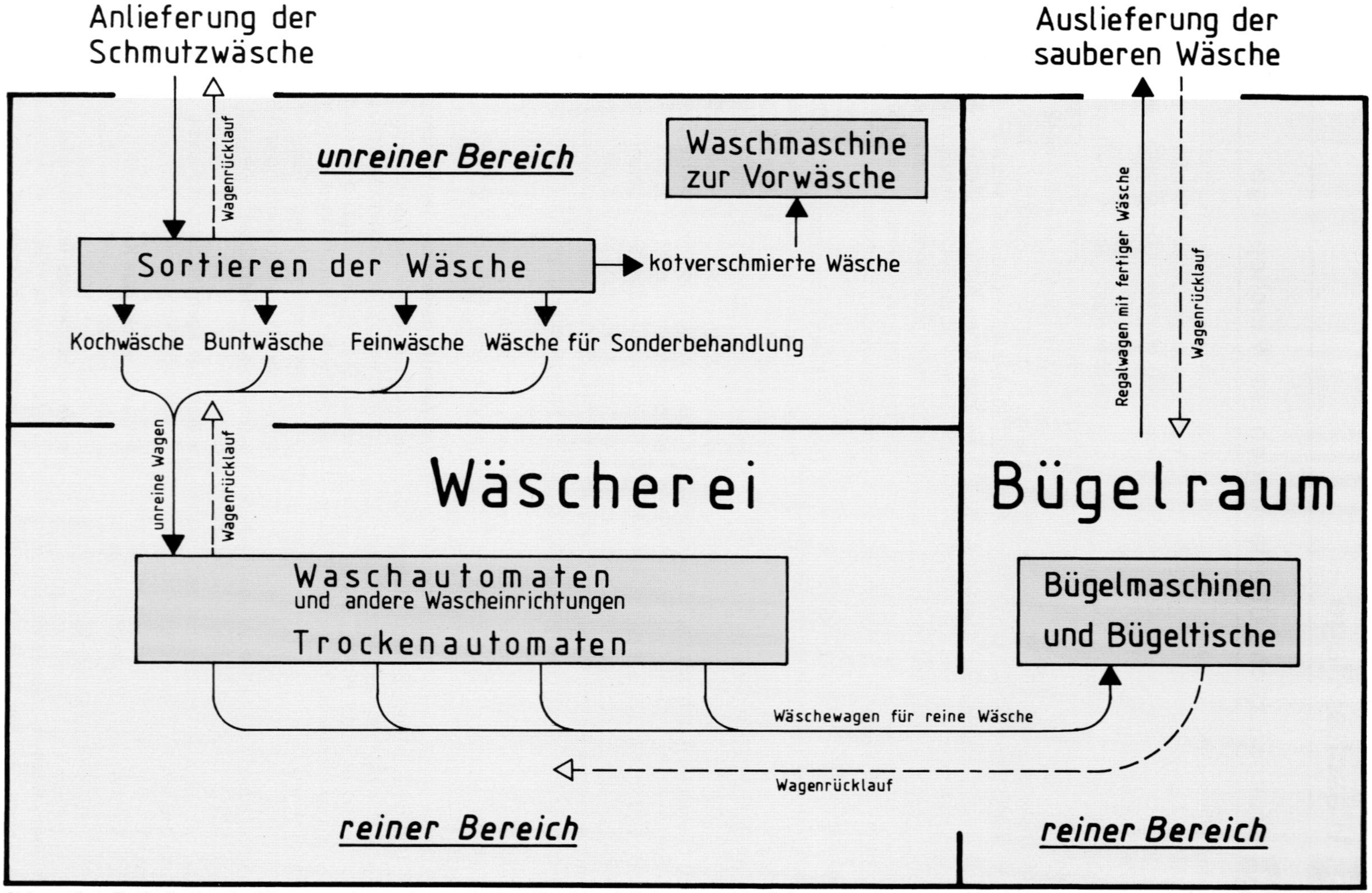

Skizze einer Großwäscherei mit Trennung der unreinen und reinen Bereiche: Anlieferung und Auslieferung durch getrennte Türen; Wagen, mit denen unreine Wäsche transportiert wurde, werden nicht für reine Wäsche verwendet

Wird Leibwäsche gewaschen, die den verschiedenen Eigentümern später wieder zurückgegeben werden muss, dann ist eine Kennzeichnung der Textilien mit Etiketten oder Eindrucken der Namen erforderlich. Für den Rücktransport dieser Wäsche können dann **Regalwagen** eingesetzt werden, in denen für jeden Heimbewohner ein Fach eingerichtet ist.

15.2 Geräte zur Wäschepflege

Die Wäschepflege umfasst die Arbeitsschritte Waschen, Spülen, Entwässern (Schleudern), Trocknen, Bügeln, Falten, Stapeln und eventuell Reparieren. Gewerbliche Geräte zur Wäschepflege können Spezialgeräte sein, die nur einen Arbeitsschritt der Wäschepflege durchführen, oder Automaten, in denen mehrere Arbeitsschritte hintereinander durchgeführt werden. Sie haben im Allgemeinen ein größeres Fassungsvermögen als Geräte für den Privathaushalt und werden häufig außer mit Strom auch noch mit Dampf, Gas oder Heißwasser beheizt.

Gewerbliche Waschmaschinen können ein Fassungsvermögen von 6 bis 80 kg Trockenwäsche haben. Es gibt auch ganz große Geräte, die bis zu 400 kg Wäsche je Stunde bewältigen. Sie lassen sich direkt an einen Kalt- und Heißwasserzulauf anschließen. Größere Maschinen können mit *Kippvorrichtungen* ausgestattet sein, die das Beschicken und das Entladen erleichtern. Manche Waschmaschinen sind mit zwei Öffnungen ausgestattet, sodass sie von einer „unreinen" Seite beschickt und, getrennt durch eine Wand, über die „reine" Seite entleert werden können; diese Geräte werden auch Durchlademaschinen genannt.

Durchlademaschine

Waschschleuderautomaten gibt es mit einem Füllgewicht von 10 bis knapp 600 kg Wäsche. Die Schleuderdrehzahlen liegen bei rund 1200 Umdrehungen pro Minute, damit kann die Restfeuchte auf 52 % reduziert werden. Die Maschinen können programmiert werden auf unterschiedliche Wasserstände, Waschzeiten und Waschrhythmen, Temperaturen, Spülgänge, Spülzeiten, Dosierungsarten und Dosierungsmengen.

Wäscheschleudern können ein Fassungsvermögen bis zu 30 kg haben und mit knapp 1500 Umdrehungen pro Minute schleudern. Sie werden dort eingesetzt, wo die Entwässerung der Wäsche durch den Schleudervorgang in der Waschmaschine nicht ausreichend ist.

Mit **Wäschepressen** können große Wäscheposten entwässert werden. Es ist möglich, eine Restfeuchte von nur 55 % zu erzielen.

Wäschetrockner haben ein Fassungsvermögen bis zu 40 kg. Mit einem heißen Luftstrom wird der Wäsche Feuchtigkeit entzogen, die entweder direkt über ein *Abluftsystem* nach außen geleitet wird oder (u. U. mithilfe einer Wärmepumpe) wieder kondensiert und dann als Flüssigkeit abgeleitet wird (*Kondensationstrockner*). Kondensationstrockner sind im Betrieb wirtschaftlicher, wenn die im Trockner abgegebene Kondensationswärme wieder genutzt wird. Die Steuerung des Trocknungsvorganges kann eine Zeitsteuerung sein oder eine elektronische Steuerung, bei der die Feuchtigkeit und die Temperatur der Wäsche gemessen werden.

Um den Energieverbrauch der Wäschetrockner gering zu halten, gibt es Geräte, die bis zu 60 % der Abluft als Umluft vorwärmen und dem Trockenzyklus wieder zuführen.

Für das Waschen sehr großer Mengen gleichartiger Wäsche gibt es **Waschstraßen**. Jeder Arbeitsschritt des Waschvorganges wird dabei in einer speziellen Waschkammer durchgeführt. Die Kammern sind miteinander verbunden und die Wäsche wird von einer Kammer zur anderen transportiert.

Heißmangeln werden in Breiten bis zu 3,3 m angeboten. Beheizt werden sie mit Strom, Gas oder Dampf. Es gibt einfache Muldenmangeln oder Mehrmuldenmangeln, bei denen die Wäsche über mehrere Walzen nacheinander geführt wird. Zylindermangeln mit einem Rückführsystem können Platz sparend an der Wand aufgestellt werden. Die Oberflächentemperatur von Walzen kann bis zu 300 °C erreichen, sodass auch feuchte Wäsche mit einer Restfeuchte bis zu 50 % getrocknet und gebügelt werden kann. Bei elektronisch gesteuerten Geräten wird die Walzengeschwindigkeit automatisch der Feuchtigkeit der Wäsche angepasst. Fingerschutz und Überhitzungsschutz für die Walzen sind notwendige Sicherheitseinrichtungen.

Finishgeräte werden zum Bügeln für Sakkos, Jacken, Mäntel, Kleider und Hosen eingesetzt. Sie arbeiten mit Dampf und Luft, die durch die Kleidungsstücke geblasen werden. Mit pneumatisch erzeugter Spannung werden z. B. Hosenbund und Hosenbeine gespannt. Die Geräte können meistens an eine vorhandene Dampferzeugung angeschlossen werden. Pressen für Hemden, Kittel u. a. sind mit luftdichten Airbags ausgestattet, die mit Druckluft aufgeblasen werden und sich ausdehnen, bis das übergezogene Kleidungsstück seine Trageform annimmt. Das Vakuum fixiert das Kleidungsstück in seine Position, dann beginnt der Pressvorgang. Mit individueller Zeiteinstellung können die unterschiedlichen Textilmaterialien schonend behandelt werden (s. Abb. Hemden- und Kittelfinisher).

Mit **Faltmaschinen** kann Trockenwäsche unterschiedlicher Größe automatisch gefaltet und verschiedenen Stapeln zugeführt werden. Die Formate der Faltung werden elektronisch eingespeichert. Die Faltmaschinen können auch direkt an eine Mangel angeschlossen werden.

Stapelmaschinen können an die Faltmaschinen angeschlossen werden. Auch sie sind auf unterschiedliche Formate anzupassen.

Wäschevereinzeler werden eingesetzt, um die Wäscheteile aus dem Presskuchen der gepressten Wäsche automatisch zu entnehmen und weiterverarbeitenden Geräten zuzuführen. Kapazitäten von bis zu 1000 Teilen in der Stunde sind bei diesen Geräten möglich.

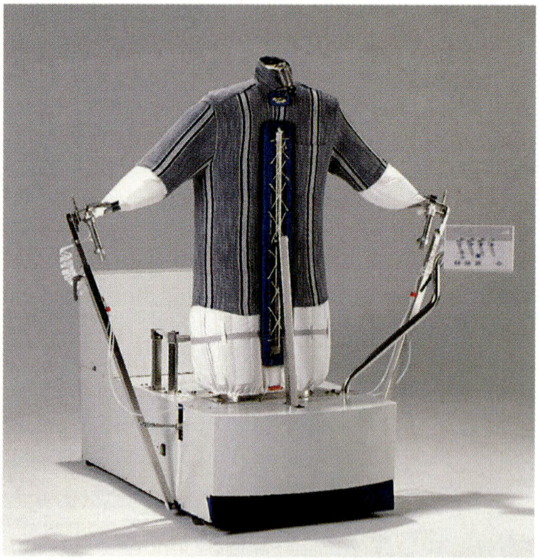

Finisher

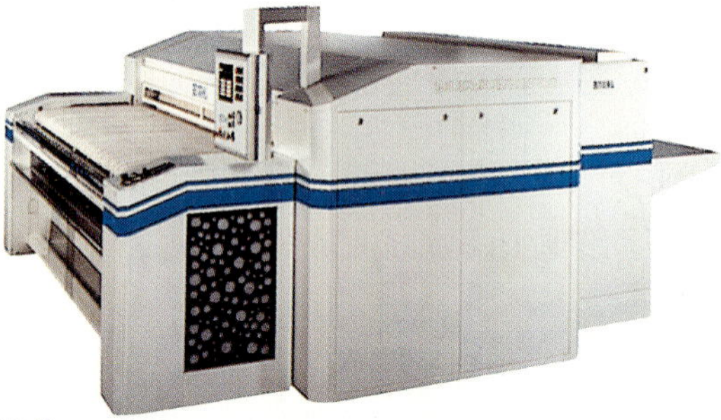

Faltmaschine

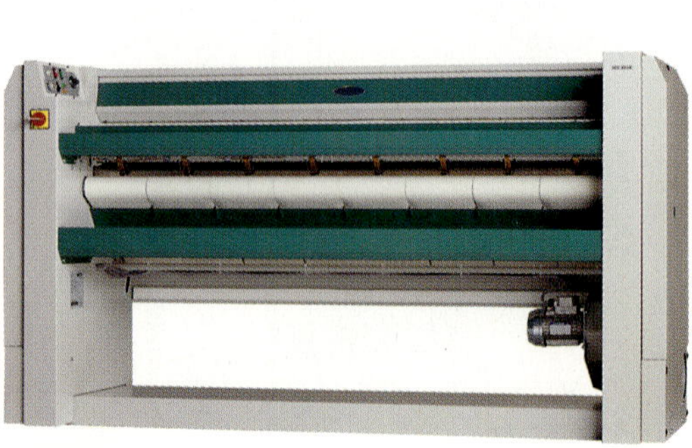

Zylindermangel

15.3 Einrichtung eines Wäschereiraumes

Waschen, Trocknen und Bügeln (Mangeln) sind Teilvorgänge in der Wäschepflege. Für diese Funktionen muss der Wäschereibereich ausgestattet sein. *Kurze Transportwege* und eine *Trennung von reinem und unreinem Bereich* sollten bei der Aufstellung der Geräte berücksichtigt werden. Mehrere kleinere Waschmaschinen können für die meist gemischte Wäsche besser genutzt werden als eine große Waschmaschine. In den verschiedenen Maschinen kann dann gleichzeitig gewaschen werden. Gute Belüftung und ein rutschsicherer Boden sind im Wäschereiraum besonders wichtig.

Beispiel:

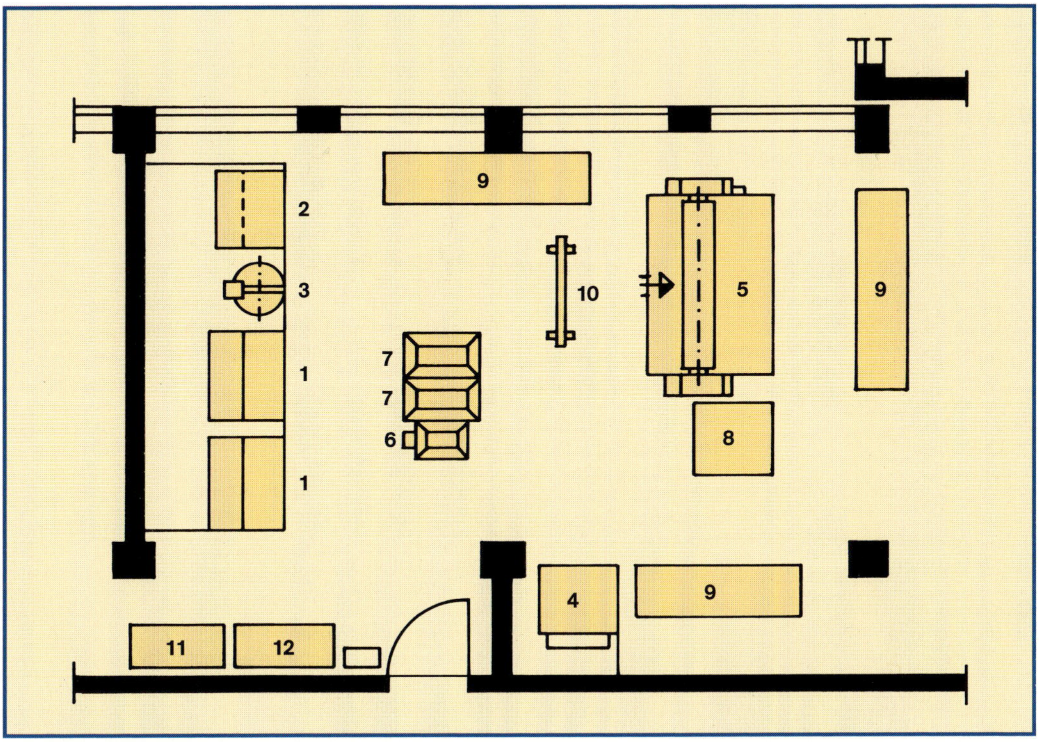

Grundriss der Wäscherei:

1 Wasch- und Schleuderautomat
2 Waschautomat
3 Wäscheschleuder
4 Trockenautomat
5 Mangel
6 Wäschewagen
7 Wäschewagen
8 Korbtransportwagen
9 Ablegetische
10 Mangelbock
11 Regalwagen
12 Waschmittelbehälter

Wäschereiraum eines Altenheimes: Auf einer Fläche von 70 m^2 werden von zwei Arbeitskräften 500 kg Wäsche pro Woche bearbeitet. Die Wäsche setzt sich zusammen aus Handtüchern, Bettwäsche (auch stark verschmutzter), Arbeitskleidung und Leibwäsche von Heimbewohnern. Ab und zu werden Vorhänge und Stores gewaschen. Die beiden Wasch- und Schleuderautomaten haben ein Fassungsvermögen von je 15 kg Trockenwäsche, der Waschautomat fasst 12 kg, der Wäschetrockner 16 kg, die Wäscheschleuder 10 kg. Maschinen und Geräte sind zweckmäßig angeordnet, unnötige Wege werden vermieden. Mit Wäsche- und Regalwagen wird der Transport erleichtert.

Sachwortverzeichnis

Literaturverzeichnis

Das Altenheim, Ausgabe 11/83 – Das Altenheim, Ausgabe 3/85 – Bundesminister des Inneren: Kantinenrichtlinien vom 25. 9. 1974 – DGE: Betriebsverpflegung, Frankfurt 1978 – DGE: Empfehlungen für die Nährstoffzufuhr, Frankfurt 1985 – Pfau, Cornelia: Hilfsmittel zur Planung und Steuerung der Lebensmittelversorgung im Großhaushalt (REFA-Fachausschuss für Hauswirtschaft), Darmstadt 1985 – Schlieper, Cornelia: Grundfragen der Ernährung, Hamburg 2000 – Schlieper, Cornelia: Ernährung heute, Hamburg 1999 – Schwebel/Sinn: gv-praxis, Ausgabe 1/81 – Wirths, Willi: Leitfaden der Gemeinschaftsverpflegung, Paderborn 1981

Folgende Zeitschriften dienten als Informationsquelle:
Altenpflege – Catering Journal – Ernährungsumschau – GV (Großverbraucher) – gv-praxis – Heim und Anstalt – Krankenhaustechnik – Test

Bildquellenverzeichnis

Alexanderwerk, Remscheid S. 50/1, 49/2 – alias of artificial and advertising gmbH, Berlin S. 55/1 – Art & Werbeteam, Hamburg S. 45, 46, 49/1, 59/1, 60/3, 65/1/2/3, 75/2, 81, 102, 115 – Astor Bäckermaschinen GmbH, Rheine S. 62/1 – Bartscher GmbH, Salzkotten S. 59/2, 60/2 – Bizerba GmbH & Co. KG, Balingen S. 55/3 – Consultec Nahrungsmittelmaschinen GmbH, Lage S. 52/1 – Elektrolux Professional GmbH, Herborn S. 75/1, ETS Real Imperial S. 64/2 – Fam Weisser GmbH & Co.KG Maschinenbau und Großküchentechnik, Sasbach S. 55/1 – Feuma Gastromaschinen GmbH, Gößnitz S. 51/2/3/4, 52/2/3, 53/1, 54/1 – Flottwerk KG, Lippenhausen S. 50/3 – Flottwerk H.-J. Dauner KG, Rothenburg/F. S. 50/2 – Fördergemeinschaft Gutes Licht, Frankfurt S. 33/1 – Gebr. Graef GmbH & Co.KG, Arnsberg S. 51/1 – Gebrüder Hepp GmbH & Co.KG, Pforzheim S. 69 – Hauptberatungsstelle für Elektrizitätsanwendungen – HEA, Frankfurt/M. S. 108/1 – Hobart GmbH, Offenburg S. 88 – Hupfer Metallwerke GmbH & Co., Coesfeld S. 70/3 – Juno, Herbronn S. 63/1 – Kärcher, Alfeld GmbH & Co.KG, Winnenden S. 94/1, 105/3, 106 – Küppersbusch Großküchentechnik, GmbH, Gelsenkirchen S. 61, 86/2, 58 – Maschinenfabrik Palmer GmbH, Ludwigshafen S. 48 – Meiko Maschinenbau GmbH & Co., Offenburg S. 85/2 – Miele und Cie. GmbH & Co., Gütersloh S. 84/1, 84/2, 113 – Rieber GmbH & Co.KG, Reutlingen S. 24/1, 38/1/2/3, 68/2/3, 69/2/3, 70/1/2/4 – Stierlen Werke AG, Rastatt S. 80, 85/1 – Susanne Kleiber, Hamburg S. 66 – Tempo Luft- Wassertechnik GmbH, Golling S. 31/1 – Wetrok GmbH, Düsseldorf S. 105/1

Zeichnungen: Art & Werbeteam, Hamburg
(S. 26, 45, 46, 49, 59, 60, 65.1-3, 75.2, 78, 81, 85, 97, 102, 115)

Umschlag: Krefft Großküchentechnik GmbH, Loosdorf

Herrn Prof. Dr. W. Lichtenberg sei Dank für seine Beratung bei der Erstellung des Kapitels zur Speisenproduktion.